상사를 관리하라

# 상사를 관리하라

최상의 리더십을 이끌어내는 탁월한 팔로워십의 법칙

MANAGE
YOUR
BOSS

**브루스 툴간** 지음
**박정민 · 임대열** 옮김

RHK
알에이치코리아

"강사님, 솔직히 말씀드리면요. 이렇게 리더십 교육을 받는 건 좋습니다. 그런데 정작 회사에 돌아가면 교육을 받아봤자 뭐 하나 하는 생각이 듭니다. 애들(부하직원)이 전혀 안 움직이는 걸요. 제가 혼자 아무리 열 내면서 뛰어다니면 뭐 합니까. 애들은 '너는 떠들어라. 나는 나대로 살련다' 하는 얼굴로 앉아 있단 말입니다."

　"오늘도 본부장님께 엄청 두들겨 맞고 왔습니다. 부하직원들 관리 하나 제대로 못 한다고요. 아니, 어린애들도 아닌데 말이에요. 제가 정말 한술 한술 밥을 다 떠먹여줘야 하나요? 본부장님 말씀이 더 기가 막히더군요. 부하직원들이 그랬다나요. '중간관리자가 제대로 역할을 못해준다'고요. 내 참, 왜 다들 나한테만 뭐라 그러냐고요. 자기네들은 아무것도 안 하면서 말이에요!"

리더십 교육 때마다 터져 나오는 관리자들의 울분(!)을 들을 때마다 '아, 맞아. 그렇지. 조직이라는 것이 리더와 구성원들이 함께 일하는 곳인데 왜 리더 혼자서만 다 짐을 짊어지고 힘들어해야 할까? 구성원들의 역할은 과연 무엇일까?' 라는 의문이 들곤 했었다. 그러던 중 『It's okay to manage your boss』라는 책을 만나면서 우리의 고민이 시원하게 해결되는 느낌이 들어 매우 기뻤다. '상사를 관리하라' 는 아이디어는 얼핏 보기에는 매우 파격적이고 비현실적인 것처럼 들릴 수도 있겠지만, 실제로 조직 구성원들이 역량 높은 일꾼으로 성장하기 위해서는 주위 환경을 잘 관리하는 것이 필수적으로 요구된다. 이 책에서 말하듯이 '기대사항에 대한 명료화 / 필요한 자원과 스킬에 대한 숙지 / 정기적이고 즉각적인 피드백과 코칭 받기 / 적절한 인정과 보상 받기' 의 세부업무 과정에 대해 이제는 리더뿐 아니라 부하직원도 잘 이해하고, 적극적으로 참여할 때가 되었다.

사원, 대리급 직원들을 대상으로 팔로워십(followership) 교육을 진행할 때 팔로워(follower)가 갖춰야 할 중요한 특성이 무엇인지 질문해보면 대부분 "자기주도적 업무 태도"라고 대답한다.

바로 그거다! 누군가(특히 상사가) 알아서 나를 이끌어주고 나에게 필요한 것을 알아봐주고 나에게 밥을 떠먹여주기를 수동적으로 기다리는 자세에서 벗어나, 원하는 것을 이루고 그것에 필요한 자신의 역량을 개발하기 위해 알아서 뛰는 일꾼이 바로 현재와 미래의 조직에서 원하는 인재가 아닐까. 앞으로 조직을 짊어지고 나아갈 수 있는 미래형 인재가 되기를 원하는 조직 구성원이나 유능한 핵심인재를 육성하기 원하는 관리자들은 이 책을 통해 많은 도움을 얻을 수 있을 것이라 확신한다.

2011년 광화문 하늘 아래
박정민, 임대열

# Contents

PART

## 1 부실관리를 거부하라

PART

## 2 첫 번째 관리 대상은 자신이다

PART

3

# 매일 상사를 관리하는
# 습관을 들이자

PART

1

# 부실관리를
# 거부하라

# 부실관리,
# 조직 성공의 방해물이다

●
●
●

오늘 아침 회사에 출근해보니 많은 동료들의 얼굴이 완전히 폭발하기 일보직전이다. 왜 그런가 싶어 휴대전화에 도착해 있는 음성 메일을 확인해보니 "당신이 지난 2주 동안 힘들게 진행해온 프로젝트가 완전히 잘못되었다"는 상사의 목소리가 녹음되어 있는 것이다. 이런 경우 당신은 이렇게 생각할 것이다. '아니, 내가 처음부터 말했잖아. 이렇게 큰 프로젝트를 해낼 만큼 내가 경험이 많지 않다고 말이야!' 툴툴대며 컴퓨터를 켜니 옆 부서의 관리자가 또 다른 프로젝트에 대해 "시간을 너무 질질 끌고 있다"고 잔소리를 해대는 메일이 도착해 있다. 당신은 프로젝트 보고서를 '지금 당장' 그 관리자에게 제출해야 한다.

사실 당신에게는 오전에 처리해야 할 일상적 과제들이 있었다. 게다가 그 과제들은 하나하나 꼼꼼하게 마무리해야 하는 일이다. 하지만 이런 상황에서 급박한 이메일들을 받다 보면 다른 일보다 먼저 관리자들에게 대응해야겠다는 생각이 든다. 지난주에도 동일한 상황이 벌어졌었기 때문에 당신은 최종 마무리 작업 하는 것을 깜빡 잊어버려서 프로젝트는 마지막 순간까지 재작업을 해야만 했다. 그날은 아주 늦게까지 야근을 해야 했고, 동료들은 모두 폭발해버렸다. 이런 경험이 있기 때문에 똑같은 상황을 또 만들기 싫었다. 그래서 최대한 남의 눈에 띄지 않게 노력해왔다. 그런데 오늘은 이놈의 관리자들이 하루를 시작도 하기 전에 모든 것을 망쳐버린 것이다!

도대체 일이 어떻게 되어가는 거지? 사실 이제까지 당신은 스스로를 능력 있는 직원이라고 생각해왔다. 하지만 이제는 정말 자신감이 부쩍 떨어지기 시작한다.

'A 부장은 나한테 이렇게 일을 하라고 지시를 하는데, B 부장은 완전히 다른 소리를 한단 말이야. 도대체 어떤 일부터 해야 하는 거냐고! 어떤 일이 내가 해야 할 일이고, 하지 않아도 될 일인지 어떻게 판단을 하냐니까? 도대체 상사라는 것들은 관리를 어떻게 해야 하는지에 대해 아무 생각이 없는 것 같아. 나하고 충분한 시간을 같이 보내면서 내가 필요로 하는 지원을 해주거나, 나한테 과제를 잘해낼 만한 능력이 있다는 확신을 주거나, 문제해결 과정을 도와주는 상사는 정말 아주 희귀한 존재란 말이지. 내가 얼마나 일을 힘들게 해냈는지, 얼마나 일을 잘 마무리했는지에 대해 제대로 인정받아본 적은 거의 없는 것 같아, 휴.'

이 책을 읽고 있는 여러분의 직장생활도 이 상황과 비슷하다면(현재나 과거 어느 때라도) 이제부터 우리 같이 한번 생각해보자.

도대체 회사에서는 무슨 일이 벌어지고 있는 것일까? 물론 위에서 묘사된 상황을 보고 단순하게 상사, 관리자들, 나아가 조직 전체를 비난할 수도 있다. "아마 저 회사는 정말 멍청이 같은 관리자들이 엄청나게 많이 앉아 있는 곳일 거야"라고 말이다. 하지만 그렇지 않다. 진정한 문제는 눈에 보이지 않는 곳에 숨어 있다. 그것은 바로 부실관리(undermanagement)다. 어느 산업 분야든, 어떤 직급이든 상관없이 내가 '부실관리'라고 부르는 현상은 놀라울 만큼 많이 관찰되고 있다. 부실관리란 세부관리 (micromanagement)의 반대 개념이라고 할 수 있다.

부하직원과 상사 간의 감독관계를 살펴보면 대부분 기본적인 관리를 지속적으로 하기 위해 필요한 일상적 개입이 부족한 편이다. 즉, 명확한 기대사항 전달, 필요한 자원 제공, 업무수행 과정에 대한 모니터링, 공정한 성과 보상과 같은 요소들을 찾아보기 어렵다. 사실 조직의 구성원들과 이야기해보면 누구나 이런 불만들을 토로한다. "직속상사는 나와 거리를 두려고 하는 것 같다." "일방적인 업무지시는 많지만 쌍방 간의 대화는 거의 없는 편이다." "매일매일 업무에서 필요로 하는 상사의 도움이나 자료들, 피드백과 보상을 제대로 받는 사람이 있을까 의문이다."

나는 몇 년 전 『과정형 팀장이 되라(*It's Okay to Be the Boss*)』라는 책을 집필하며 조직에 대해 치명적인 손실을 입히는 부실관리가 갈수록 확산되는 이유를 탐색했다. 그리고 회사에서 일어나는 문제들은 대부분 그 원인이 부실관리에 있다는 것을 입증하기 위해 노력했다. 아직까지 부실관리라는 개념이 세부관리만큼 많은 사람들에게 익숙하지는 않지만, 이제 우리는 반드시 그 개념을 인지해야 한다. 왜냐하면 부실관리란 조직의 성공을 방해하는 골칫거리이기 때문에 노력을 기울여 뿌리를 뽑을 만한 가치가 있다.

아래 나열한 부실관리의 나쁜 영향들을 보면 흔히 우리가 알고 있는 세부관리의 영향 정도는 아무것도 아닌 것처럼 느껴질 것이다.


- 불필요한 문제들이 자주 발생한다.
- 대부분의 경우 아주 쉽게 해결될 수 있는 사소한 문제들이 매우 심각한 수준의 문제로 커진다.
- 물적 자원과 인적 자원이 낭비된다.
- 조직 구성원들은 그 어떤 피드백도 받지 않은 상태에서 매우 잘못된 방향으로 오랫동안 업무를 수행하면서 과제들을 해결하

려 노력한다.

- 모든 사람들에게 문제를 떠안기는(그래놓고 다른 사람들과 같은 금액의 월급을 받는!) 낮은 성과자들이 여기저기서 발견된다.
- 높은 성과자들은 계속해서 좌절감을 느끼고, 회사에 대한 열정을 잃게 되며, 퇴사를 생각한다.
- 구성원들이 최선을 다해 일할 수 있는 환경이 조성되지 않는다.
- 관리자들은 완전히 잘못된 방법으로 관리를 한다.

현재 자신의 조직에서 부실관리가 이루어지고 있는지 잘 모를 수도 있다. 하지만 천천히 주위를 한번 둘러보라. 분명 당신 주변에서도 부실관리는 매일 일어나고 있으며, 어떤 식으로든 당신에게 영향을 미치고 있을 것이다. 부실관리 때문에 당신은 조직에서 긍정적 경험을 하지 못했을 것이고, 더 큰 성공을 거둘 수 있는 기회를 잃었을 가능성이 매우 높다.

부실관리는 당신이 무엇인가를 배우고 역량을 개발하기 위해 노력하는 과정을 방해할 것이고, 사람들 간의 관계를 효과적으로 발전시키는 일을 어렵게 만들 것이며, 새로운 과제나 프로젝트를 맡을 수 있는 기회들을 빼앗아갈 것이다. 부실관리는 (조직에서) 당연히 얻을 수 있는 것들을 갖지 못하게 만들 것이고, 당신의 업무 스케줄은 너무나 빡빡하고 버겁게만 돌아갈 것이다.

그렇다면 이와 같은 부실관리 전염병의 책임은 도대체 누구에게 있는 것인가? 결국 관리를 하는 것은 관리자의 책임 아닌가? 상사들이 책임을 져야 하는 것 아닌가? 물론 옳은 말이다. 관리란 상사의 신성한 책임이다. 조직 내에서 문제가 존재한다면 대개 상사가 그 문제를 풀 수 있는 열쇠를 쥐고 있다. 현재 당신이 상사라면 모든 사람들이 의지하고 싶은 사람은 바로 당신인 것이다.

# 부실관리를 하는
# 이유 7가지

⬤
⚫
⬤

안타깝게도 너무나 많은 리더와 관리자들, 슈퍼바이저
들이 부하직원들을 제대로 이끌지 못하고 관리하지 못하며, 적절
한 슈퍼비전을 제공하지 못하고 있다. 간단히 말하면 그들은 일
상적인 업무상황에서 제대로 책임을 지려 하지 않는다. 그들은
업무 프로세스의 각 단계에서 (부하직원들에게) 어떤 것을 바라는
지 이야기하지 않으며, 필요한 자원들을 제공하지 않는다. 그뿐
아니라 부하들의 업무수행 과정을 모니터하지 않으며, 실수가 있
을 때 피드백을 해주지 않고, 좋은 성과를 올려도 인정해주지 않
는다. 그들은 어떻게 관리를 해야 할지 모르기도 하고, 관리를 하
고 싶어 하지도 않으며, 심지어 관리를 두려워하기도 한다.

대부분의 관리자들은 정말 엄청난 무게의 압박에 시달린다. 사실 그들은 자신의 담당 업무를 매우 잘했기 때문에 관리직급으로 승진한 것이지 사람들을 잘 관리해서 관리자가 된 것은 아니다. 승진 후에 초보 관리자들이 효과적인 관리 교육을 받는 경우도 매우 드물다. 그리고 대부분의 조직에서 리더십이란 아무도 손대지 않고 다락방에 처박아둔 과거의 유산 정도로 생각되고 있다.

　　"자, 이게 위에서 내려온 미션이다. 뭐, 세부적인 일은 네가 알아서 해. 뭔가 알려줄 일이 있으면 이야기해줄 테니 미리 물어보지 마라. 네가 뭔가 실수를 하게 되면 말해줄게. 정해진 보상 규정이 있으니 너도 다른 사람들과 마찬가지로 (보상을) 받게 될 거야."

　　조직관리에 대한 노하우들, 도서들, 교육 과정들 또한 아주 똑같이 '손대지 않는 관리'를 향해 잘못된 길을 제시하고 있다. 명성이 자자한 책들을 봐도 아주 단순한 주장을 한다. '구성원들은 스스로를 관리할 수 있는 자유가 있을 때 최적의 결과를 낳는다'고 말이다. 이와 같이 잘못된 동기부여를 하는 접근방식에 의하면 부하직원들은 자신의 일에 '책임을 져야' 하며, 스스로 결정을 내릴 권한이 있어야 한다. 이 경우 관리자들이란 단순한 촉진자일 뿐 부하직원들에게 이래라저래라 지시해서는 안 되며, 그들이 스스로 방법을 찾아내도록 내버려둬야 한다. 부하직원들의 기분을 좋게 만들어주면 성과는 저절로 나온다는 것이다.

하지만 현실을 보라. 우리 모두가 알고 있다시피 누군가 우리를 관리하고 있다. 당신은 자신만의 방법으로 일할 권한이 없고, 좋아하지 않는 일을 하지 않을 자유가 없으며, 좋아하는 일만 할 수도 없다. 조직에서 엄격하게 정해놓은 지침과 기준에 따라 스스로 결정을 내릴 수 있을 뿐이다.

관리자들이 명확한 방향을 제시하거나 필요한 지원을 해주지 않은 상태에서 단지 책임만 지라고 한다면 이것은 동기부여가 아니다. 이건 그야말로 '방임'에 가깝다. 그런데 안타깝게도 대부분의 관리자들은 이러한 잘못된 동기부여 철학을 배웠기 때문에 적극적으로 관리를 하려 하지 않는다. 관리의 가장 기본적인 과제를 수행하지 않기 때문에 많은 관리자들이 부실관리를 하게 되는 것이다. 왜 그들이 부실관리를 하는지, 그리고 부실관리는 당신에게 어떻게 직접적인 영향을 주는지에 대한 이유를 일곱 가지로 나누어 살펴보도록 하겠다.


## 첫째, 세부관리를 두려워한다


세부관리란 아주 그럴듯하게 들리는 허구의 개념이다. 도대체 세부관리라는 것이 이 세상에 존재하기는 하는 건가? 물론 어떤 관리자들은 지나치게 간섭을 하기도 한다. 하지만 대부분의 관리자들은 평균 이하의 관리만 할 뿐이다. 진정한 세부관리가 존재하기는 하지만, 매우 드물게 일어나는 현상이다. 재미있는 건 우리가 세부관리라고 오해하는 대부분의 사례들은 알고 보면 부실관리로 밝혀지는 경우가 많다는 것이다. 다음의 세 가지 시나리오를 통해 세부관리의 의미를 다시 한 번 생각해보도록 하자.

시나리오 1. 당신의 관리자는 아주 기본적인 사항에 대한 결정을 내리거나, 단순한 행동을 취할 때에도 모든 것을 자신과 의논하라고 지시한다. 이것을 세부관리라고 부를 수 있을까? 절대 그렇지 않다. 부하직원이 스스로 판단해서 기본적인 결정을 내리지 못하고, 단순한 행동도 혼자 생각해서 하지 못한다면 그 이유는 관리자가 그 부하직원을 미리 준비시켜주지 않았기 때문이다. 관리자가 반드시 해야 할 일은 과제를 어떻게 완료할 것인지, 맡은 일을 어떻게 해나가야 하는지 부하직원에게 명확하게 이해시키는 것이다. 또한 그 일을 해내기 위해 필요한 도구와 기술을 익히게 하는 것도 관리자의 몫이다.

시나리오 2. 당신은 어떤 결정을 내리거나 행동을 할 때 절대 관리자와 의논하지 않는다. 관리자가 그런 사실을 알게 된다면 엄청나게 곤란한 상황이 벌어지게 될 것이다. 주도권 싸움일까? 그렇다. 세부관리인가? 그렇지 않다. 구성원이 스스로 판단할 수 있는 범위가 어디서부터 어디까지인지 모르고 있다면 그 이유는 관리자가 명확한 가이드라인과 기준을 제시하지 않았기 때문이다. 관리자는 시간과 노력을 들여서 부하직원이 혼자 판단할 수 있는 것이 무엇인지, 상사와 함께 의논해야 하는 것이 무엇인지를 명확하게 알려주어야 한다.

시나리오 3. 관리자가 항상 당신의 일에 끼어들어 혼란스럽게 만들거나, 당신이 자꾸 관리자가 일하는 데 끼어들어 정신없게 만들고 있다. 즉, 어떤 일이 관리자의 일이고 자신의 일인지 구별하지 못한다. 이것이 세부관리인가? 그럴 리 없다. 이것은 관리자가 업무 위임을 제대로 하지 못했기 때문에 일어나는 것이다. 당신의 관리자는 어떤 일이 당신이 해야 할 일이고, 어떤 일이 자신의 일인지를 정확하게 설명해주어야 한다.

물론 위의 사례들은 극단적인 경우에 해당한다. 이 관리자들은 강박적으로 모든 일을 확인하려는 성격일 수도 있고, 항상 벨을 울려 부를 수 있는 비서가 필요한 사람일 수도 있으며, 신규 직원과 처음 일해보는 관리자일 수도 있다. 어쨌든 이것은 바람직한 관리자─부하직원 간의 관계는 아니다. 다행히 지나치게 간섭하는 관리자들은 한 발짝 뒤로 물러설 수 있는 능력을 가지고 있다. 그렇게 되면 별 문제는 없어진다. 하지만 관리자들이 부실관리를 하게 되면 부정적인 폐해의 크기는 매우 커지며, 관련된 모든 사람들에게 해를 입히게 된다.


둘째, 모든 구성원을 똑같이 대하지 않으면
불공정하다는 이야기를 들을까봐 걱정한다


이러한 두려움은 도대체 어디서부터 오는 것일까? 첫째, 혹시나 (회사 내에서) 소송을 당할까 두려워하는 마음이 '구성원들을 차별하는 것은 규정에 어긋난다'는 굳은 믿음을 만들어내기도 한다. 둘째, 정치적 올바름(political correctness)에 대한 생각이 많은 사람들에게 차별적 발언을 하지 않도록 유의하는 태도를 길러주기도 한다. 심지어 관찰 가능한 성과를 바탕으로 한 차별적 대우에 대해서도 마찬가지다. 셋째, 심리학과 인간발달이론에 대한 오해가 사람들에게 "우리는 모두 가치 있는 존재다"라는 말을 왜곡하여 믿도록 만들기도 한다. 그래서 많은 관리자들이 모든 사람은 나름대로의 가치를 가지고 있기 때문에 동일하게 대우해야 한다고 믿는 것이다.

이와 같은 관리자들의 잘못된 오해와 편견은 구성원들이 더 좋은 성과를 내더라도 부가적인 보상을 해주는 것을 꺼리게 만든다. 사실 현실적으로 관리자들이 모든 구성원들에게 보상을 해준다는 것은 불가능한 일이다. 따라서 그들은 제일 쉬운 방법을 택한다. 그 누구에게도 특별한 보상을 해주지 않는 것이다. 가뜩이나 주어지는 보상도 적은데 이를 모든 구성원들이 동일하게 나눠 가지면서 한 사람이 갖는 양은 더욱 적어지게 되었다. 그 결과 성과 수준이 보통이거나 낮은 구성원들도 (당신과 같은) 높은 성과자들과 동일한 보상을 받게 되는 것이다! 당신의 관리자가 이와 같이 '잘못된 공정성' 질병을 앓고 있다면 그는 (가장 유능한 부하직원인) 당신에게 지속적으로 열심히, 현명하게 일할 수 있는 권한을 주지 못할 것이며, 효율적으로 동기부여를 할 수 있는 핵심 도구를 잃어버리게 될 것이다. 진정으로 공정한 것은 실제 성과에 근거하여 보상을 받을 수 있는 기회를 제공하는 것이다.

### 셋째, '얼간이'로 불려질까 두려워하며 부하직원들에게 '좋은 사람'으로 비춰지기를 바란다

놀랍게도 내가 '가짜 좋은 사람 콤플렉스(false nice-guy complex)'라고 부르는 증상은 우리가 생각하는 것보다 더 많이 발견된다. '가짜 좋은 사람'의 탈을 쓴 관리자들은 결정을 내리거나 지시를 하려 하지 않으며, 주변 사람들에게 의존하려 한다. "나는 얼간이가 되고 싶지 않기 때문에 이런 일들은 하지 않아"라고 생각하는 것이다. 역설적인 사실은, '가짜 좋은 사람들'은 이렇듯 자신의 권력을 제대로 사용하지 않음으로써 오히려 일을 그르치고 있다는 것이다. 일단 일이 잘못되면 이들은 좌절하고 분노하며, 진짜 망할 자식같이 행동한다. 독단적으로 상식적인 선을 넘어선 행동을 하며, 악을 써대며 못된 짓을 해대고, 부하직원들을 학대하는 행동까지 한다. 그래 놓고는 '가짜 좋은 사람들'은 자신의 행동에 죄책감을 느낀다. 그러면 어떻게 할까? 그들은 다시 권력의 페달을 살살 밟기 시작한다. 문제는 이런 악순환의 고리에 빠져 있다는 것을 스스로 인식하지 못한다는 것이다.

과연 앞으로 성장해야 할 부하직원에게 필요한 지시와 지원, 코칭을 해주지 않으면서 '좋은 관리자(nice-guy)'가 될 수 있을까? 사실 그들은 임원들과 부하직원들의 중간에서 고용주와 고용인의 니즈 및 욕구 갈등을 해결해야 하는 역할임에도 불구하고 불편한 상황에 처하는 것을 피하기 위한 소극적인 행동을 하고 있을 뿐이다. 즉, 자신의 역할에 대한 책임을 다하지 않는 이러한 행동은 '좋은 사람'이라는 평가 외에는 아무것도 가져오지 못한다. 곧바로 문제들이 발생할 것이고, 그 문제를 제대로 해결하지 못하면 커다란 재난도 일어나게 될 것이다.

사실 관리자가 '망할 자식'이 되지 않기 위한 최선의 방법은 자신에게 주어진 권력을 받아들이고, 편안하고 자연스럽게 그 권력을 사용하는 것이다. 진정으로 '좋은 관리자'란 부하직원들의 성장을 도와서, 그들이 고객에게 최고의 서비스를 제공함으로써 더 많은 보상을 얻어갈 수 있도록 해주는 사람이다.

물론 일부 관리자들은 정말로 '망할 자식인 데다가 얼간이'라고 할 수 있다. 진정한 얼간이 상사에게서 나타나는 공통적인 특징은 크게 일곱 가지로 구분할 수 있다(자세한 특성과 대처방법은 9장 참조).

- 사소한 문제에는 크게 큰 관심을 두지 않다가 그로 인해 뭔가 큰 일이 터지면 담당자를 엄청나게 비난해댄다.
- 강박적인 성격을 가지고 있으며, 부하직원에게 자신의 스타일대로 일할 것을 강요한다.
- 관리자가 되고 싶어 하지는 않지만, 부르기만 하면 달려오는 비서를 갖고 싶어 한다.
- 부하직원이 할 수 있는 일이 아닌데도 모든 일의 권한을 주는 것처럼 말한다.
- 일의 진행상황을 점검하지는 않지만, 모두에게 영향을 미칠 만큼의 커다란 의사결정은 하고 싶어 한다.
- 뭔가 엄청나게 일이 잘못되기 전까지는 크게 개입하지 않다가 갑자기 끼어들어서 담당자를 호되게 야단친다.

■ (부하직원을) 위협하고, 야비한 행동을 하거나 모욕적인 말을 한다.

## 넷째, 부하직원과 불편한 갈등관계가 되는 것을 두려워한다

많은 관리자들이 '부하직원과 불편한 대화를 해야 할 때'나 '어쩔 수 없이 갈등관계에 놓여야 할 때'가 가장 힘들다고 말한다. 이러한 관리자들은 혹시 생길 수도 있는 갈등상황을 피하기 위해 부하직원들과 일상적인 대화를 피하기 일쑤다. 하지만 상사가 매일 이루어지는 업무에 대해 부하직원과 이야기를 하지 않으려 한다면 갈등상황은 더욱 심각해질 수밖에 없다.

당신과 상사가 업무에 대해 정기적으로 대화를 하지 않으면 양쪽 다 서로를 알 수 있는 시간을 갖지 못하게 된다. 그리고 상사는 당신에게 어느 정도 기대를 해야 하는지 모르게 된다. 그러다가 어느 날 문제가 생겨 상사의 의견과 당신의 의견이 부딪히면 양쪽 모두 좌절하고 분노할 수밖에 없다. 이때 나누게 되는 대화 내용은 서로를 엄청나게 불쾌하게 만들기 마련이다. 관리자들이 이런 불편한 갈등상황을 피할 수 있는 유일한 방법은 일이 잘못되기 전에 미리, 매일매일 진행되는 일에 대해 일상적인 (때로는 재미없을 수도 있는) 대화를 많이 하는 것뿐이다.

다섯째, 조직의 규정과 절차를 어길까봐 두려워하며
번거로운 형식주의라도 반드시 지킨다

관리자들은 "내가 아무리 최선을 다해도 수많은 관료주의의
규칙, 규정, 형식주의 때문에 무슨 일을 제대로 해낼 수가 없다"
고 투덜대곤 한다. 조직에서 이루어지는 절차와 규칙들을 살펴
보면 정말 입이 딱 벌어질 때가 많다. 사실 그중 일부 규정을 따
르다 보면 어쩔 수 없이 문제에 빠지기도 한다. 대부분의 조직
구성원들은 끝도 없는 서류작업과 회의, 전화벨 소리에 시달리
고 있으며, 그러다 보면 매우 불만족스러운 결과를 얻는 경우가
많다.

조직의 규정 및 절차와 관련된 문제를 해결하는 것은 정말 골
칫거리가 될 수 있다. 하지만 일부 관리자들은 '나는 관리를 하
지 않을 거야'라는 핑계하에 이러한 도전과제를 받아들이려 하
지 않는다. 반면 어떤 관리자들은 부하직원들에게 '나는 기본
적인 관리를 하고 있어'라는 것을 보여주기 위해 이러한 일상
의 도전과제를 해결하려 노력하기도 한다. 그렇다면 관리자들
은 조직의 규정에 대해 어떻게 대처하는 것이 좋을까? 관리자
라면 조직의 규정과 절차에 대해 다각적인 시각으로 검토해야
한다. 그런 다음 그와 관련된 이슈들을 해결하기 위해 노력해야
한다.

언제나 성과란 직장에서 차별화된 보상을 할 수 있는 공정하고 법적인 근거로서 존재한다. 어떤 형식주의적 절차에서라도 상사가 당신의 성과에 기반하여 보상을 해주거나 처벌을 하는 한 불공정한 차별이라며 이의를 제기하는 이는 없을 것이다.

## 여섯째, 타고난 리더일 수는 있지만
## 관리를 아주 잘하기는 힘들다

그렇다. 어떤 관리자들은 타고난 리더십을 발휘하기도 한다. 당신의 상사가 그런 사람이라면 우선 축하의 말을 전하고 싶다. 천부적인 리더는 정말 희귀한 재능을 가지고 있는 사람이며, 그러한 리더를 만난 것 자체가 행운이다. 그런데 문제는 타고난 리더가 곧 위대한 관리자는 아니라는 것이다. 그들은 카리스마를 가지고 있으며, 부하직원들에게 비전을 제시해주고, 자신의 생각을 명확하게 표현할 줄 알고, 어마어마한 에너지를 가지고 있다. 타고난 리더들은 동기를 부여하고 영감을 주는 능력이 뛰어나기 때문에 사람들은 그들을 잘 따른다. 하지만 때때로 그들은 자신의 타고난 재능에 지나치게 의존하며, 기본적인 관리에 대해서는 큰 관심을 보이지 않는다. 그 결과 부하직원들이 성공적으로 발전하는 것을 효과적으로 도와주지 못할 때도 있다.

어떤 조직을 보더라도 관리의 기본을 지속적으로 수행해나가는 리더는 찾아보기가 어렵다. 관리의 기본이란 지시를 해주고 안내를 해주며, 담당자들에게 책임감을 갖게 해주고, 실패의 경험을 딛고 일어서게 도와주며, 성공을 거두었을 때 보상을 해주는 것이다. 이러한 조력행동들은 당신이 맡은 일을 더 우수하고 신속하게 마무리할 수 있게 도와주며, 불필요한 문제들을 피해갈 수 있게 해주고, 문제가 생겼을 때 신속하게 해결할 수 있도록 해준다. 그러한 도움을 통해 당신은 원하는 보상 이상의 무언가를 얻을 수 있게 되는 것이다.

관리자가 반드시 타고난 리더일 필요는 없다. 관리자에게 필요한 것은 관리의 기본을 지속적으로 실행하기 위해 노력하는 자세다.

### 일곱째, 부하직원을 관리할 시간이 부족하다고 생각한다

대부분의 관리자들은 시간과의 싸움에 골머리를 앓고 있다. 그들은 관리를 할 수 있을 만큼 시간이 충분하지 않다고 느끼기 때문에, 정기적으로 부하직원과 1대1 면담을 하여 일이 제대로 진행되고 있는지 확인하지 않는다. 그 결과 당연히 일은 잘못되고 심각한 문제가 발생하기도 한다. 그렇게 되면 관리자들은 엄청난 시간을 들여 문제를 해결하기 위해 힘쓸 수밖에 없다. 하지만 이 문제들은 미리 준비만 했더라면 일어나지 않았을 것이다. 관리자들은 잘못된 일을 수습하기 위해 끙끙댈 때 '나는 정말 관리를 할 시간이 없어'라고 절실하게 느낀다.

　반면 좋은 관리자는 부하직원을 관리하는 데 그렇게 많은 시간을 들이지 않아도 된다는 것을 알고 있다. 그들은 정기적으로 부하직원들과 1대1 면담을 하면서 기대 수준을 맞추고, 목표를 설정해주며, 마감기한에 대해 논의한다. 또한 필요한 자원을 배정해주기도 하고, 문제해결을 조력하며, 일의 진행과정을 수정해주고, 완성된 성과를 점검하고, 다음 단계를 계획한다. 당신의 상사가 최근 이러한 일을 하고 있다면 상사와의 대화는 시간이 갈수록 '좋은 이야기'로 채워질 것이다. 힘들게 노력해서 고쳐야 할 문제들은 점점 줄어들 것이고, 당신의 상사도 쓸데없이 끼어드는 일이 없어질 것이다.

# 관리자의 부실관리에
# 대한 대가

●
●
●

관리자가 부실관리를 할 수밖에 없는 이유가 있더라도
당신이 관리자로부터 제대로 된 지원을 받지 못하더라도 당신은
여전히 업무에 대한 주위의 기대를 충족시켜야 할 책임을 가지
고 있다. 조직으로부터 압력을 받는 것은 바로 당신이다. 더 오
랫동안, 더 열심히, 더 똑똑하게, 더 신속하게, 더 우수하게 일을
해내야 하는 것 또한 당신이다. 한가하게 보낼 시간은 존재하지
않으며, 비효율성에 대해 툴툴거릴 여지도 존재하지 않는다. 당
신은 현재 진행되고 있는 조직의 변화에 적응하기 위해 필요한
새로운 기술과 절차, 스킬을 배우고 활용해야 한다. 당신이 받을
수 있는 지시나 지원은 별로 없는 반면, 시간이 갈수록 점점 더

높은 성과 수준을 요구받기 때문에 에너지를 충전하고 미래를 준비할 수 있는 시간은 더욱 줄어들 수밖에 없다. 그러면 당신은 이렇게 외치게 된다. "부장님, 도대체 저한테 뭘 원하시는 거예요?" 이 질문에 대한 답을 얻기는 정말 어려울 것이다.

사실 얼마 전까지만 해도 튼튼한 직장에서 지속적으로 월급을 받을 수 있는 길은 정해져 있었다. 높은 사람들에게 굽실대며 입 꽉 다물고 시키는 일을 해내는 한 안정적으로 승진의 사다리를 오를 수 있었다. 한 사람의 상사와 오랫동안 일을 할 가능성도 많았다. 당신과 상사가 같이 승진할 수도 있었을 것이다. 당신의 손을 잡아 이끌어줄 사람은 없어도 조직의 시스템이 당신을 돌봐줄 것이라는 기대는 할 수 있었다. 하지만 이제 상황이 달라졌다.

현재의 조직은 서로 다른 분야들이 밀접하게 관계를 맺고 있으며, 매우 경쟁적인 분위기이며, 다양한 지식을 기반으로 운영되고 있는 곳이다. 고용주들이 구성원들에게 지속적인 변화를 요구하는 지금과 같은 상황에서 살아남기 위해서는 소수의 인재들이 더 많은 일을 잘 해내야 하며, 효율적인 과정을 통해 비용을 절감하는, 보다 유연한 조직으로 다시 태어나야 한다. 이제 구성원들은 자기 자신과 가족을 돌보기 위해 점점 더 공격적이며 적극적인 태도를 가질 수밖에 없다.

대부분의 조직에서는 관리체계 또한 더 이상 명확하지 않은 것이 사실이다. 지난 10년간 관리자층을 구별하던 벽이 사라지면서 많은 조직들이 수평화되었다. 이제 '조직도에 명시된 관리자'들보다는 단기적인 프로젝트 리더들이 부하직원들을 더 많이 관리하고 있다.

그렇다면 부하직원에 대해 진정한 힘을 갖고 있는 사람은 누구인가? 이에 대한 답은 프로젝트나 과제, 책임의 내용에 따라 다를 것이다. 누가 관리를 하는가? 그가 누구이든 간에 자원이나 근무조건, 보상을 결정할 수 있는 사람이 관리자가 될 것이다. 당신이 보고를 해야 하는 사람은 누구인가? 대부분의 경우 보고를해야 할 상사는 여러 명이다. 몇 명에게는 직접 보고를 해야 하며, 그 외에는 간접적으로라도 보고를 해야 한다. 어떤 때에는 서로 다른 관심사와 이슈를 가지고 있는 관리자들이 양쪽에서 당신의 팔을 당기기도 할 것이다.

이 모든 관리자들은 당신의 업무환경을 개선시키거나 악화시킬 수 있는 권한을 가지고 있으며, 보상을 받을 기회나 장기적인 커리어 플랜에 영향을 미칠 수 있다. 게다가 이 관리자들의 능력은 모두 제각각이다. 어떤 사람은 대단히 우수하지만, 어떤 사람은 괜찮은 정도이고, 어떤 사람은 평균 정도, 또 일부는 형편없기도 하다. 어떤 관리자는 정말 최악이며, 어떤 관리자는 진정한 얼간이이기도 하다.

모든 관리자들은 자신만의 스타일과 강점, 약점을 가지고 있다. 따라서 이러한 상황을 통제할 수 있는 사람은 당신뿐이다.

당신은 앞서 말한 모든 관리자들과의 관계에서 해야 할 역할과 행동을 생각해볼 수 있다. 또 그 관계에서 대처할 방법과 원하는 것을 얻어낼 수 있는 방법을 고안할 수 있다. 여기서 중요한 사실은 당신에게는 선택권이 없다는 것이다. 당신이 조직에서 살아남아서 성공하고 성장하기를 바란다면 상사를 관리하는 데 매우 뛰어난 능력을 보여야만 한다.

과연 그 이유는 무엇일까? (어떤 직급에 있든지 간에) 상사는 오늘날 직장에서 가장 중요한 사람이다. 이 부분에 대해서는 누구나 동의할 것이다. 많은 연구들은 지속적으로 높은 성과를 올리고, 일에 대해 긍정적인 태도를 가지고 신뢰관계를 구축하며, 유연한 작업환경을 조성하고, 더 큰 보상을 보장받을 수 있는 부하직원의 능력을 구성하는 제1요소는 '부하직원과 상사 간의 관계'라고 주장한다.

조직에서 당신의 니즈와 기대를 충족하기 위해, 업무과정상 발생하는 그 어떤 문제를 해결하기 위해서라도 가장 의지하게 되는 사람은 직속상사다. 당신이 일을 하는 과정에서 가장 밀접하게 일을 해야 할 파트너는 바로 상사인 것이다. 그리고 더 중요한 것은, 매일매일 당신이 해야 할 일을 정의해주는 사람은 상사라는 사실이다. 지속적으로 높은 성과를 내기 위해서는 열정적으로 일을 하며, 당신에 대해 명확하게 파악하고 당신이 현재 업무의 각 단계에서 하는 일을 정확하게 이해하는 상사가 필요하다. 당신에게 필요한 상사는 "당신의 존재는 매우 중요해. 당신이 하고 있는 일은 우리 조직에서 정말 중요하지"라고 말해줄 수 있는 사람이다. 또한 당신에 대한 기대사항을 명확히 이야기해주고, 최적의 업무방법에 대해 지도해주며, 위험요소가 존재할 때 경고해주고, 사소한 문제점들이 더 커지기 전에 해결할 수 있도록 도와주며, 당신이 기대 이상의 성과를 거두었을 때 보상해주고, 성공을 거둘 수 있도록 준비를 시켜주어서 각 단계마다 필요로 하는 것을 얻을 수 있게 도와주는 사람이다.

상사와 이러한 관계를 만들어나갈 수 있는 능력이 있다면 당신의 업무생산성과 성과, 사기는 자연히 높아질 것이며, 당신이 조직에 기여한 것에 대한 신뢰도도 상승할 것이고, 그에 따른 보상 수준 또한 높아질 것이다. 당신에게는 능력 있는 상사가 필요하다. 그렇기 때문에 당신은 상사의 발전을 도울 필요가 있다. 즉, 당신은 상사에 대한 관리를 시작해야 한다. 이제부터 당신은 상사를 관리하는 과정에서 어떤 역할과 행동을 할 것인지에 대해 진지하게 고민해봐야 한다.

사람들에게 "당신의 상사를 관리할 책임은 당신에게 있다"라고 이야기하면 대부분 직장에서 자신의 역할과 관계에 대해 근본적으로 회의감을 갖게 될 것이다. 사실 '상사관리'라는 아이디어는 매우 도전적인 개념이다. '상사란…… 내 위에 있는 사람인데…… 내 업무를 관리하는 사람인데'라는 생각이 들게 마련이기 때문이다. 상사는 당신이 직장에서 생존하고 성공하기 위해 필요한 핵심 열쇠다. 따라서 당신에게는 상사를 관리하기 위한 전략과 실제적인 전술이 필요하다. 특히 지금과 같이 지속적으로 변화가 일어나는 복잡한 세상에서는 더욱 그러하다. 당신이 관리자라고 해도 당신의 상사와 이야기할 때는 당신 또한 부하 직원이므로 예외는 아니다.

# 상사관리에 대한
# 나쁜 조언들

● ● ●

직장에서 상사를 잘 관리하기 위한 효율적인 전략을 개발하는 것은 생각보다 어려운 일이다. 전문가들의 조언도 언제나 도움이 되는 것은 아니다. 또 우리는 대부분 부실관리를 받는 것에 익숙해져 있기 때문에 '상사로부터 어떻게 관리 받아야 하는지, 직장에서는 어떤 식으로 행동해야 하는지'에 대한 오해도 많다.

물론 당신의 상사를 어떻게 관리해야 하는지에 대한 조언을 듣고자 한다면 수천 명의 전문가들이 기꺼이 의견을 줄 것이다. 문제는 '상사관리'에 대한 조언들은 대부분 내용이 좀 빈약하다는 것이다.

어떤 전문가는 무능력한 상사나 독단적인 상사와의 문제를 해결할 수 있는 조언을 제공하지만, 당신이 상사를 세밀하게 관리하지 않는 한 그 조언을 실행하기는 어렵다.

또 다른 전문가는 상사의 비위를 맞추면서 그를 따라 승진 사다리를 올라가라고 제안한다. 하지만 이러한 접근방법은 과거와 같이 상사와의 관계가 매우 단순하고 고정적이며, 장기적이고 위계적인, 한마디로 시대에 뒤떨어진 시각에 갇혀 있는 것으로 보인다. 오늘날의 상사와 부하 간의 관계는 복잡하고 변화가 많으며, 단기적이고 거래적인 성격을 띠기 때문에 앞으로 만나게 될 다양한 유형의 상사들에게 적응하고 자신만의 커리어를 개발해나가기 위한 준비를 하는 자세가 필요하다.

어떤 전문가는 당신의 개인적인 니즈를 충족시키기 위해 상사를 이용하라고 이야기한다. 하지만 별 다른 노력 없이 단지 상사의 목을 졸라서 최대한의 혜택을 얻어내는 행동은 자기 잇속만 차리는 기만적이며 수치스러운 행동이다. 만약 당신이 계속해서 상사를 이용한다면 결국 그 관계는 머지않아 끝을 보게 될 것이다.

상사와 '파트너'가 되어야 한다고 주장하는 전문가들도 있다. 하지만 상사와 부하직원은 분명히 차별화되는 존재다. 상사는 부하직원에게 직접적으로 영향을 미칠 수 있는 권력과 자원 통제력을 가지고 있기 때문에 윗사람으로 존재한다는 사실을 잊어서는 안 된다.

이와 같이 다양한 전문가들의 조언을 정리해보면 우리가 상사와 어떻게 관계를 맺어야 하는지에 대해 오해한 부분이 많다는 것을 알 수 있다. 나는 평소에 여러 조직 구성원들에게 다음과 같은 질문을 자주 한다. "상사관리를 좀 더 적극적으로 하지 않는 이유는 뭔가요?" 그들의 대답은 항상 똑같다. 앞으로 설명하게 될 오해들 때문에 부하직원들은 관리자와의 관계에서 좀 더 많은 책임을 지지 않으려 한다.


## 높은 성과자에게는 어떻게 일해야 하는지 알려주지 말아야 한다?


일을 얼마나 잘하느냐에 상관없이 조직의 구성원이라면 누구나 성공을 하기 위해 지도와 방향 제시, 지원이 필요하다. 잘못된 방향으로 나아가는 데 자신의 귀중한 시간과 에너지를 낭비하고 싶은 사람은 아무도 없다. 설령 부하직원이 상사보다 특정 과제나 프로젝트에 대해 더 많이 알고 있다고 해도 주위에 아무도 없는 진공상태에서 일을 할 수는 없는 노릇이다.

지금 당장 당신이 하고 있는 일이 조직의 전체적인 미션 및 방향과 일치하는지 확인해보자. 앞으로 나아갈 목표가 무엇인지 구체화하고, 당신이 맡은 과제에 대한 가이드라인과 기준들을 명확히 해야 한다. 정확한 마감기한과 합리적인 성과 평가 기준을 파악하는 것도 중요하다. 이때 상사는 이러한 요구사항들을 당신에게 잘 설명해주어야 하며, 계획대로 일을 잘 진행할 수 있도록 지원해주어야 한다. 이것이야말로 높은 성과자가 될 수 있는, 그리고 높은 성과자로서 생활해나갈 수 있는 유일한 길이다.

## 부하직원이 창의적으로 일하려면
## 상사가 절대 간섭하지 말아야 한다?

진정 창의적으로 일하기를 원한다면 가장 먼저 스스로 결정할 수 있는 일과 그렇지 않은 일을 명확하게 구분해야 한다. 그리고 창의성에 대해 생각하기 전에 먼저 각 과제나 프로젝트의 요구사항들을 파악해야 한다. 업무 자체가 창의적인 일이라 해도 우선 자신에게 맡겨진 일을 정확하게 숙지한 후에 창의적으로 처리할 수 있는 부분을 찾아내야 하는 것이다.

## 누군가 특별대우를 받는다면
## 나도 반드시 똑같은 대우를 받아야 한다?

조직 내 누군가가 특별대우를 받고 있다면 그 사람이 그러한 대접을 받기 위해 어떤 일을 했는지 유심히 살펴보자. 그리고 당신이 원하는 특별대우를 받기 위해서는 무엇을 해야 하는지 곰곰이 생각해보자.

한 조직에서 모든 사람을 똑같이 대우하는 것은 과연 공정한 것일까? 그것은 당신이 자치단체(commune)에 살고 있을 때에나 공정한 일이 될 수 있다. 사실 우리 모두가 승자가 될 수 없다는 것은 누구나 알고 있지 않은가. 성과에 상관없이 모든 사람을 똑같이 대우한다는 것은 완전히 불공정한 이야기다.

옆자리의 동료가 당신이 받지 못한 보상을 받았다면 진지하게 현실을 점검해보아야 한다. 당신에게 필요한 것은 객관적이고 정확하게 스스로의 성과를 평가해보고, 원하는 보상을 얻어낼 수 있도록 지속적으로 역량을 개발하는 일이다.

"나도! 나도 쟤만큼 주세요!"라고 소리 지르는 떼버리가 되지는 말자. 이제는 지속적으로 자기개발을 하는 높은 성과자가 되도록 노력해야 할 때다.


성공하기 위해서는 상사의 스타일과
선호도를 무조건 따라 해야 한다?


상사가 가지고 있는 스타일과 선호도가 항상 가장 좋은 것이 아닐 수도 있다는 사실을 명심해야 한다. 업무의 모든 단계마다 명확하고 현실적인 기대를 가지는 것, 과제를 완료하기 위해 필요한 자원을 파악하고 공정하고 정확하며 솔직한 피드백을 받는 것이야말로 성공으로 가는 지름길이다. 당신이 해낸 일에 대해 적절한 인정과 보상을 받는 것 또한 포함된다.

　당신과 관련된 상사들에게 맞춰 스스로를 정비하는 일도 물론 필요하다. 어떤 상사는 진행상황에 대해 문서로 보고받는 것을 좋아할 수도 있고, 다른 상사는 직접 대면하고 이야기로 보고받는 것을 더 좋아할 수도 있다. 또 어떤 상사는 큰 그림을 그리는 보고서를 좋아할 수도 있고, 다른 상사는 세밀한 진행상황을 따라가면서 검토하는 것을 좋아할 수도 있다. 물론 상사들의 취향에 맞춰 자신의 행동을 조절하는 것도 중요하지만, 성공하기 위해 필요한 기본요소들과 타협해서는 안 된다.

　만약 상사가 정확한 요구사항도 알려주지 않은 채 당신에게 "스스로 생각해보고 시도해봐"라고 말한다면 좀 더 세부적인 설명을 요청할 필요가 있다. "부장님, 앞으로 얼마나 더 제가 아무것도 모른 채 맨땅에 헤딩을 해야 할까요? 제가 앞으로 절대 하지 말아야 할 것이나 할 수 없는 것이 있다면 말씀해주시겠습니까?"라고 말이다. 그런데도 상사가 피드백을 해주지 않는다면 스스로 자신의 성과를 모니터하고 평가하고 기록으로 남길 수 있는 방법을 찾아야만 한다. 예를 들어 상사가 좋은 성과에 대해 공정한 평가와 보상을 해주지 않는 스타일이라면 자신의 높은 실적을 하염없이 그 관리자에게 제공해줄 수밖에 없을 것이다.


## 상사와 '친구 되기'는 현명한 행동이다?


상사와 가짜 친구 관계를 맺는 것은 시간을 낭비하는 행동이다. 진정한 우정은 개인의 삶을 풍요롭게 만들어주겠지만, 직장 내에서의 상황을 복잡하게 만들 가능성도 있기 때문이다.

가장 현명한 직장 내 행동은 업무관계를 일에 집중시키는 것이다. 그렇다고 해서 직장에서는 진정한 우정이 존재하지 않거나 존재해서는 안 된다고 말하는 것이 아니다. 당연히 직장에서도 우정이 싹튼다. 오랫동안 함께 일하다 보면 진정한 우정이 생기기도 하고, 상사와 좋은 친구 사이가 되기도 한다. 만약 이런 상황이라면 당신은 직장의 현실로부터 이 우정을 보호하기 위해 매우 애를 써야 할 것이다. 즉, 직장에서의 성공뿐 아니라 우정을 지키기 위해 상사관리에 힘을 써야 하는 것이다.

하지만 대부분의 상황에서 상사는 당신의 친구가 될 수 없다. 물론 둘이 같이 앉아서 수다를 떨 수는 있다. 가끔씩 간단하게 개인적인 이야기를 나눌 수도 있고, 회사 밖에서 개최되는 공식적이거나 비공식적인 사교 모임에 함께 참석할 수도 있다. 문제는 이런 종류의 관계는 매우 깊이가 얕으며, 진지하게 일을 할 수 있는 분위기를 깨뜨린다는 데 있다.

그렇다면 가장 적절한 직장 내의 행동은 무엇인가? 상사와 친구가 되기보다는 진정성 있는 좋은 관계를 구축하는 것이다. 어떻게 하면 될까? 정기적으로 일에 대해 이야기를 하면 된다. 두 사람 모두 공통적으로 관심을 가지고 있는 것에 대해 이야기하는 관계가 바로 진정성 있는 관계라고 할 수 있다. 이러한 관계야말로 더 우수한 성과를 낼 수 있도록 도와주는 관계이며, 업무상 심각한 문제가 생겨도 깨지지 않는 관계다.


## 실수나 문제점들을 숨기는 것이야말로 골칫거리를 피할 수 있는 좋은 방법이다?

골칫거리를 없애는 최적의 방법은 상사와 정기적인 1대1 면담을 통해 실수나 문제점들을 바로바로 해결해버리는 것이다. 이와 같이 대처하면 아직 문제를 통제할 수 있을 때 해결할 가능성이 높아진다.

문제가 발생했을 때 해결방법을 찾기보다 그럴듯한 변명을 꾸며대는 데에만 급급하면 때로는 그 문제들이 사라져버리기도 하지만, 머지않아 다시 재발할 가능성이 더 높다. 반복해서 발생하는 작은 문제들은 매우 사소한 일일 수도 있지만, 끊임없이 재발되는 소소한 문제들은 갈등상황을 만들어낼 수 있으며, 결국 동료나 상사들이 좌절감을 느끼고 폭발하기 쉽다.

특정 상황에서는 작은 실수와 문제들이 걷잡을 수 없이 커져서 심각한 문제를 일으키기도 한다. 뒤늦게 상사에게 문제상황을 보고해도 이미 돌이킬 수 없는 것이다. 왜 그렇게 되는 것일까? 첫째, 일단 문제가 커지고 나면 사소한 수준일 때보다 해결하기가 훨씬 더 힘들기 때문이다. 더 많은 시간과 에너지를 들여야만 엉망진창이 된 상황을 풀어갈 수가 있다. 둘째, 문제 상황에서는 당신이나 상사 그 누구도 최고의 역량을 발휘할 수가 없다. 그 문제와 관련된 모든 사람들이 스트레스를 받고 좌절하며 초조하고 불안해하며, 대화를 하더라도 서로에게 화를 내버리기 때문이다. 그 상황에서 상사는 '진정한' 자신의 일을 하기보다는 '발등의 불을 끄는 데' 시간을 낭비했다고 느끼기 쉽다. 이와 같은 갈등 상황을 겪고 나면 상사에게 다시 좋은 감정을 느끼기 어려울 수도 있다.

회사에서 그냥 무시하고 넘어가도 될 사소한 문제란 없다. 상사와 정기적으로 1대1 면담을 하면서 문제해결에 대한 이야기를 빼놓지 않고 한다면 90% 정도는 신속하고 간단하게 해결되거나 피해갈 수 있을 것이다. 상사가 업무과정에서 생기는 사소한 실수나 문제들에 대해 관심을 갖게끔 하는 것은 현명한 일이다. 그렇게 함으로써 상사는 당신이 세부적인 것에 신경을 쓰며, 좋은 성과를 올리기 위해 노력하고 있다는 것을 알게 될 것이다.


## 무소식이 희소식, 상사에게 성과에 대해 '코칭'을 받는 것은 나쁜 징조다?


무소식이 희소식일 수는 있다. 하지만 상사의 무관심은 당신에게 아무런 도움이 되지 않는다. 반면 성과에 대해 코칭을 받는 것은 발전할 수 있는 기회이므로 좋은 소식으로 받아들여야 한다.

그렇다면 '성과 코칭'은 직장에서 왜 그렇게 나쁜 평판을 듣는 것일까? 그 이유는 많은 상사들이, 부하직원이 마감기한을 넘기거나 실적이 좋지 않을 때, 고객이나 동료에 대해 불량한 태도를 보이는 등 문제상황이 벌어질 때에만 코칭을 생각하기 때문이다. 정말 성과 코칭이란 개인의 성과에 대한 문제점을 나열하기 위해 하는 것일까? 그렇지 않다. 성과 코칭은 업무에서 중점을 두어야 할 곳을 명확히 해주고 당신의 역량과 책임감을 길러주는 과정이다. "당신이 앞으로 더욱 성장하기 위해 지금 할 수 있는 일은 무엇일까요?" 훌륭한 상사는 당신의 스킬을 개발하기 위해 세워야 하는 세부적인 목표들을 일깨워준다. 이렇게 단계적으로 목표에 초점을 맞추다 보면 많은 것을 배우게 된다.

어떤 상사는 코칭을 하는 데 타고난 재능을 가지고 있기도 하다. 그런 상사나 경험과 지식이 풍부한 사람에게 코칭을 받을 수 있는 기회가 생긴다면 눈을 크게 뜨고 귀를 쫑긋 세울 필요가 있다. 직장에서 흔히 듣는, 형식적인 "아자! 으쌰! 파이팅!"과 같은 입바른 말에는 크게 신경 쓸 필요 없다. 억지로 꾸며낸 부자연스러운 상사의 열정에 속아 넘어가지 말자. 여러 상사들 중에서 진정한 스승이 누구인지 찾아보고, 그들의 가르침을 숙지해야 한다. 상사에게 긍정적이든 부정적이든 상관없이 솔직하고 구체적인 피드백을 기대하고 있다는 것을 알리는 것이 좋다. 상사와의 모든 대화시간을 코칭의 기회로 만들어보자.

## 상사가 문서 읽기를 싫어한다면 굳이 성과를 기록하며 검토할 필요가 없다?

당신이 조직 내에서 해온 모든 일들을 기록해서 검토할 책임은 자기 자신과 조직 모두에게 있다고 말할 수 있다. 관리자들은 대부분 다음과 같은 특별한 경우에만 부하직원의 성과에 대해 검토한다. 부하직원이 일하는 것을 우연히 보게 되었을 때, 최종보고서를 받았을 때, 매우 좋은 성과가 나왔을 때, 심각한 문제가 있을 때. 이와 같이 꼭 해야 할 때가 아니면 부하직원의 성과에 대해 기록하지 않는다. 연말평가보고서 정도야 작성하겠지만, 이러한 보고서는 부하직원의 일상행동에 대해 거의 이야기해주지 않는다. 상사가 당신의 일상적인 성과를 기록하고 검토하지 않더라도 당신은 해야 한다. 그 이유는 다음과 같이 설명할 수 있다.

- 우리는 일에 대해 파악해야 할 것들이 많으며, 기록해서 점검할 때 사용할 시스템이 필요하기 때문이다.
- 성과에 대해 기록을 남기고 검토하는 행동은 상사와 더 명확한 업무관계를 맺을 수 있도록 도와준다. 상사와 나눈 1대1 면담 내용을 구체적으로 적어두면 해야 할 일의 내용이나 기간에 대한 오해를 막을 수 있다. 이러한 행동이 습관화되면 상사와 한 주제에 대해 좀 더 쉽게 합의할 수 있다.
- 성과를 기록으로 남겨 검토하면 상사와 합의된 목표를 달성하기 위해 좀 더 적극적으로 노력할 수 있다.
- 기록 검토는 성과를 개선시킬 수 있는 핵심 열쇠다. 지속적인 평가와 피드백을 받으면 스스로의 성과를 발전시킬 수 있고, 이를 통해 상사도 자신의 지시사항을 수정 및 보완할 수 있다. 이 작업을 위해서라도 꾸준히 기록하는 습관이 필요하다.
- 지속적으로 자신의 성과에 대한 기록을 남기면 보다 높은 보상을 받거나 승진 후보자 신청을 할 수 있는 자료를 만들 때 큰 이

득을 보게 된다.

- 정기적으로 자신의 성과에 대해 기록을 해두면 상사가 당신의 실적을 반영하여 평가를 할 수 있다.


사람들과 어울리기 좋아하는 사람이 아니면
직장에서 승진하기 어렵다?


조직 구성원들 중에는 개인적인 특성이 강한 사람들이 있다. 카리스마 있는 사람, 관찰력이 뛰어난 사람, 두뇌 회전이 빠른 사람, 자신의 생각을 또렷이 표현하는 사람, 매력적인 사람, 에너지가 많은 사람, 호감이 가는 사람 등. 의심의 여지 없이 이런 인재들은 큰 혜택을 받는다. 하지만 개인적으로 매력만 갖고는 오늘날 살아남기 어렵다. 요즘 세상은 무서울 정도로 경쟁적이고, 매우 빨리 변화하는 지식 기반의 사회이며, 전 세계가 소통하는 공간이다.

현재와 같이 다양한 핵심인재들이 많이 존재하는 시장에서 앞으로 나아가기 위해서는 지속적으로 변화하는 상황에 잘 적응하는 동시에 신속하고 안정적인 자세로 가치 있는 기여를 해야 한다. 이러한 행동들이 대인관계에서의 매력 이상으로 필요하다.

만약 당신이 선천적으로 '사람들과 어울리기 좋아하는 사람'

이라면 매우 축복 받은 사람이라고 말해주고 싶다. 하지만 역시 그것만으로 오늘날과 같은 세상에서 버티기에는 충분치 않다.

직장에서 성공을 거두기 위해서는 지속적으로 자기관리와 상사관리를 해나가야 한다. 상사와의 업무관계에서 당신이 해야 할 역할과 행동을 적극적으로 수행하고, 업무의 모든 단계에서 상사를 잘 관리한다면 당신의 가치는 정말 금메달 수준이 될 것이다. 그렇게만 되면 사람들과 친근하게 별명을 부르며 지내고, 사람들의 눈을 쳐다보면서 미소 짓고 이야기하며, 친밀하게 맞장구치는 능력이 좀 부족하더라도 아무 상관이 없다.

선천적으로 사람들과 관계를 맺는 능력이 좋든 안 좋든 간에 자기관리와 상사관리에 필요한 전략들을 꼭 숙지하도록 하자. 그리고 그 전략들이 자신의 스킬과 습관이 될 때까지 부지런히 연습하자. 자기 본연의 모습을 버리고 새로운 사람이 되려고 하지 마라. 진정한 자신의 내면을 내보여라. 너무 기운 뺄 필요 없다. 그런 다음 효과가 증명된 전략들을 차근차근 실행에 옮겨보는 것이다. 이제 남은 것은 연습, 연습, 연습뿐이다.

## 상사는 너무 바빠서 당신을 만날 시간이 없다?

상사가 아무리 바쁘다고 해도 부하직원을 정기적으로 만날 시간이 없다는 것은 거짓말이다. 그렇다고 내 말을 오해하지는 마라. 물론 당신은 상사 아니라 그 누구의 시간도 쓸데없이 낭비하지 않도록 조심해야 한다. 당신의 상사는 당신이나 다른 직속 부하직원에 대한 관리 의무 외에도 나름대로 해결해야 할 과제들, 담당 업무들, 프로젝트들이 있다. 당신의 상사는 정말 바쁜 사람이다. 그리고 당신도 바쁘다. 어느 누구라도 낭비해도 되는 시간을 가지고 있는 사람은 없다.

한마디로 당신과 상사가 정기적으로 만나 업무에 대해 이야기할 시간은 얼마든지 있다. 상사와 1대1로 만나 이야기하는 시간을 갖지 않으면 서로에 대한 기대는 불명확한 채로 남아 있게 되며, 오해가 싹트고, 당신은 필요한 자원들을 얻을 수 없다. 또한 도움이 될 만한 피드백을 받을 수 없으며, 어떻게든지 성공을 하더라도 당신이 받아야 마땅한 신뢰는 얻기 힘들 것이다.

상사와의 정기적 만남이 없는 이러한 상태에서 당신이 성공할 수 있는 확률은 얼마나 될까? 명확한 기대도 없고, 적절한 자원도 없고, 모니터링도 해주지 않으며, 성과에 대한 평가도 해주지 않는 상사는 최대한 당신과 개인적으로 만나는 시간을 줄이려 하겠지만, 결국은 더 많은 시간을 들여 당신을 관리할 수밖에 없게 된다. 그래 봤자 당신이 성공할 수 있는 확률이 올라가기는커녕 그저 실패를 면할 정도의 수준밖에는 안 될 것이다. 사소한 문제들은 한참 동안 관심을 못 받고 있다가 더 이상 무시할 수 없는 수준까지 커지게 되는 것이다. 이렇게 되면 상사는 모든 문제점을 따라다니면서 해결해야 하고, 더 많은 시간의 압박을 느낄 수밖에 없다. 하지만 상사들은 대부분 이러한 어려움을 겪고 난 다음에도 정기적인 관리를 하지 않는다. 그러다가 다음번에 또 다른 큰 문제가 생겼을 때 비로소 부하직원을 관리하는 악순환을 만든다.

이제부터는 모든 상사와 간단하고 솔직하고 효율적으로 업무에 대해 1대1로 이야기할 수 있는 시간을 만들어라. 중요한 것은 상사들에게 직접 대답을 들을 수 있는 정기적인 미팅을 하는 것이라는 사실을 잊지 말자. 일의 성공도가 정해지기 전에 상사의 관리를 받을 수 있는 시간을 마련한다면 성공하는 데 필요한 요소를 확실히 얻을 수 있다. 당신과 함께 보내는 시간이 효과적이고 생산성이 높다는 것이 증명된다면 상사는 당신에게 반드시 시간을 내어줄 것이다. 그럼으로써 당신은 업무시간을 효과적으로 운영한다는 좋은 평판도 듣게 되리라 확신한다.

# 형편없는 관리자 vs
# 훌륭한 관리자

●
●
●

모든 관리자는 자기 자신의 힘으로 높은 성과를 내는 부하
직원과 함께 일하기를 원한다. 이들은 그 어떤 지도나 지원을 받
지 않고도 엄청난 양의 일을 매우 훌륭하고 빠르게 해낸다. 실수
를 하는 경우는 없으며, 상사에 대해 별 기대나 바람도 없다. 이
러한 핵심인재들과 함께 일하는 것은 관리자라면 당연히 가지고
있을 로망일 것이다. 문제는 세상에 이런 부하직원은 존재하지
않는다는 것이다. 그런데도 형편없는 관리자들은 이러한 환상
속의 직원이 존재하는 듯이 관리를 한다. 그들은 부하직원이 스
스로 모든 일을 해내기를 바란다. 그러나 실제로 부하직원이 모
든 일을 혼자 알아서 하게 된다면 지식이 많고 일을 효율적으로

할 수 있는 노하우가 많은 상사의 지도와 지원을 받았을 때 해낼 수 있는 성공의 근처에도 가기가 어렵다.

형편없는 관리자들과 함께 일하게 되었다면 당신에게는 두 가지 선택권만 존재한다. 첫 번째는 최대한 상사를 무시하면서 속으로는 '제발 이 부서에 신입이 와서 부장님이 그 녀석을 괴롭혀 줬으면 좋겠다'고 기도하는 것이다. 두 번째는 시간이 날 때마다 상사를 밀접하게 관리해서 결정을 하게 만드는 것이다. 상사와 함께 적극적으로 노력을 하든, 아니면 죽느냐 사느냐 하는 상황에서 그냥 꾹 참고 일할 수 있는 사람을 찾든, 둘 다 좋은 해결책 아닌가.

반면 훌륭한 관리자는 혼자서도 잘 해내는 슈퍼스타 부하직원을 기대하지 않는다. 그렇다고 해서 일에 관심도 없으며, 성공하고 싶은 열망도 없는 게으르고 성과 낮은 부하직원을 원하는 것도 아니다. 그는 부하직원이 어떤 능력이나 스킬, 경험을 가졌든 간에 다양한 사람들과 함께 일할 수 있기를 바란다.

훌륭한 관리자는 당신이 무엇이든 배우고 성장하는 과정을 도울 준비가 되어 있다. 하지만 당신이 진정으로 훌륭한 관리자의 관심을 받기 원한다면 이 점을 알아둬야 한다. 훌륭한 관리자는 당신이 책임감 있게 자신의 역할과 해야 할 업무를 해내기를 기대한다는 것이다. 관리자가 당신을 관리해주기를 원한다면 당신 또한 그들을 관리할 준비를 하는 것이 좋다.

아무리 훌륭한 관리자라고 해도 그 또한 기분이 나쁘거나 컨디션이 좋지 않은 날이 있기 때문에 때로는 관리 책임을 지지 않으려 할 때도 있을 것이다. 따라서 당신이 업무과정에서 책임을 공유하지 않으면 관리자의 실수가 당신에게 큰 영향을 미칠 수밖에 없다.

물론 항상 훌륭한 상사와 일할 수 있는 기회가 주어지는 것은 아니다. 모든 상사는 부하직원을 관리하는 데 있어서 장점과 약점을 가지고 있다. 그리고 사실 관리자들은 대부분 최악과 최상의 수준 사이 어딘가에 위치한다. 그들은 부하직원이 스스로를 관리하기를 원하지만, 그것이 불가능하다는 것 또한 알고 있다. 관리자들은 나쁜 습관들 때문에 골치를 앓기도 하지만, 조금만 노력한다면 보다 나은 관리 습관을 들일 수 있는 가능성도 높은 사람들이다.

# 상사와의 관계 최대한 활용하기

●
●
●

대개 저성과자들은 무간섭주의를 내세우며 모든 구성원을 동일하게 대하는 상사를 찾아 헤맨다. 그들은 누가 어디에서 무엇을 하고 있는지, 왜 그 일을 하고 있는지, 언제까지 어떻게 일을 할 것인지 알지 못하는 상사를 원한다. 한마디로 지속적으로 성과를 검토하지 않고, 업무진행과정에서 문제가 생겨도 무시하는 상사를 원한다. 또한 상사가 자신에게 '이런 일을 해라, 이렇게 일을 해라' 라고 말하지 않기를 바라고, 업무의 각 단계마다 어떤 기대를 가지고 있는지 말해주지 않으며, 자신을 그냥 내버려두고, 성과 수준에 차등 없이 누구에게나 동일한 월급봉투를 주는 상사를 원한다. 이들은 부실관리의 최대 수혜자라고 할 수 있다. 만약 당신이 이런 사람이라면 아마 이 책은 당신의 입맛에 별로 맞지 않을 것이다.

이 책은 고성과자가 되기를 원하는 사람들을 위해 쓰여졌다. 고성과자가 되기 위해서는 상사가 훌륭하든 형편없든 중간 정도이든 상관없이 상사와 부하직원 모두가 적극적으로 참여하는 관계를 구축해야 한다. 당신의 상사가 어떤 사람이든 상관없이, 상사의 스타일이나 선호도에 상관없이, 당신은 상사에게서 다음의 네 가지를 얻어낼 책임이 있다.

- 명료하고 합리적인 기대사항 설명(구체적인 가이드라인과 명확한 기한 포함)
- 기대를 충족시키기 위해 필요한 스킬과 도구, 자원들. 또는 당신이 그러한 자원들 없이 기대 충족을 요청받았다는 것에 대한 인식
- 성과에 대한 정확하고 솔직한 피드백과 필요할 경우 방향 전환에 대한 조언
- 성과에 대한 공정한 보상(인정과 보상)

이와 같은 이야기는 대부분의 사람들에게는(아마 당신에게도) 커다란 변화를 요구하는 것으로 보일 것이다. 왜냐하면 우리는 적어도 한 명 이상의 상사들과 1대1 대화를 통해 자신의 업무에

대해 적극적으로 이야기해야 하기 때문이다.

내가 '상사를 관리하라'는 주제로 주최한 세미나에 참여했던 많은 사람들은 이런 이야기를 해주었다. "지금까지 아무도 이런 이야기를 저에게 해준 적이 없었어요. 세미나를 들으면서 '아, 이제 나도 상사가 나를 잘 관리할 수 있도록 도와줘야겠구나, 내가 필요한 지원을 관리자에게 얻어내도 되겠구나' 하는 것을 깨닫게 되었어요. 감사합니다!" 이런 이야기도 들을 수 있었다. "물론 관리자와 밀접한 관계에서 일할 수 있도록 노력하는 것은 제 책임이죠. 상사와 부하의 관계라는 것은 쌍방의 관계이니까요." 하지만 (세미나의 초반에) 참가자들 중 절반 정도는 전혀 다른 이야기를 했다. "이건 미친 이야기예요. 지금까지 내가 책에서 읽어왔던 리더와 관리자에 대한 내용이나, 나의 커리어를 어떻게 개발해나갈 것인지에 대한 내용과 완전히 반대되는 이야기잖아요!"

그 말도 틀린 것은 아니다. 나와 비슷한 이야기를 하는 사람을 나도 이제까지 별로 보지 못했다. 실제 현실에서 상사를 관리한다는 것은 정말 매우, 매우 어려운 일이므로 쉬운 해결책이 없다고 말할 수 있다. 내가 세미나에서 이런 어려운 현실에 대해 이야기하기 시작하면 참가자들은 모두 관심을 가지고 귀를 기울인다. "쉬운 해답은 이상세계에나 존재하는 것이므로 지름길은 없다"고 말하면 모두 고개를 끄덕인다. 그리고 나서 나는 참가자들에게 매우 어려운 수준의 해결책을 많이 알려주겠다고 약속한다. 하지만 그것을 실행하기 위해서는 엄청나게 많은 용기와 스킬, 시간과 지켜야 할 기준들이 필요하다.

내가 세미나에서 하는 일은 사실 좌절하고 있는 참가자들에게 가장 효율적인 상사-관리자들이 실제 일상생활에서 어떤 일을 하는지에 대해 알려주고, 그것을 따라 해보도록 권유하는 것이다. 상사관리의 기본적인 7단계는 다음과 같다.

- 1단계. 매일 관리해야 할 첫 번째 대상은 바로 자신이다.
- 2단계. 매일 상사를 관리하는 습관을 들이자.
- 3단계. 매일 한 명의 상사를 선택해서 관리하자.
- 4단계. 상사가 어떤 기대를 하고 있는지 명확히 파악하자.
- 5단계. 자신에게 필요한 자원이 무엇인지 파악해보고 계획을 세우자.
- 6단계. 업무의 각 단계에서 성과를 기록으로 남기고 점검하자.
- 7단계. 더 많은 신뢰와 보상을 얻기 위해 한 단계 더 나아가자.

수천 명의 부하직원들을 훈련시키면서 위의 7단계를 적용해본 결과 상사와의 업무관계가 매우 밀접하게 유지되는 것을 확인할 수 있었다. 만약 이 7단계를 지속적으로 실행했는데도 상사로부터 원하는 것을 얻지 못했다면 그 상사는 진정한 '얼간이' 일

가능성이 크다. 그렇다면 이 책의 9장에 얼간이 상사를 다루는 방법에 대한 조언이 있으므로 참고하기 바란다. 하지만 대부분의 경우 이 7단계를 매일 연습한다면 성공할 가능성이 분명 높아질 것이라 확신한다.

내가 훈련시켰던 사람들이나 실무자들에 따르면 7단계를 실행하면서 상사와 더 밀접한 관계를 가지고 일을 했더니 긍정적인 변화가 일어났다고 한다. 일을 더 신속하고 더 우수한 수준으로 마무리하게 되었고, 문제는 거의 발생하지 않았으며, 더욱 빨리 문제를 해결하게 되었다는 것이다. 또한 자원을 낭비하는 일 없이 더 큰 성공을 거두게 되었고, 자신의 노력에 대해 더 높은 신뢰와 많은 보상을 얻게 되었다고 한다.

상사에게 다음과 같은 말을 할 수 있는 부하직원이 된다면 참 좋겠다.

"좋은 소식이 있어요! 저는 이제부터 제가 해야 할 일에 대해 확실히 책임을 질 생각이에요. 부장님이 바쁘신 거 정말 잘 알아요. 스트레스도 많으시겠죠. 그래서 제가 부장님을 도와서 일을 신속하게 잘 처리할 생각이에요. 부장님께서 저에게 기대하고 계신 것을 제가 얼마나 잘 이해하고 있는지 보여드릴게요. 이제부터 일을 할 때 마감기한을 명확히 계산하고, 세부적인 스케줄을 표시한 실행계획을 만들 겁니다. 그리고 우리 조직의 표준업무절차를 숙지하고, 체크리스트를 활용할 예정이에요. 제가 하고 있는 일과 활용했던 방법에 대해서도 모두 기록하고 검토할 겁니다. 업무의 각 단계마다 부장님이 제 성과를 모니터하시고 평가해서 기록하시기 쉽도록 도와드릴게요. 문제가 발생하면 즉시 해결할 거고요. 부장님의 도움이 필요하면 바로 말씀드릴 거예요. 하나씩 하나씩 더 배우고 성장해서 더 많은 책임을 질 수 있도록 할 계획입니다. 저를 한번 믿어주세요. 부장님만 도와주신다면 저는 정말 가치 있는 존재가 될 거예요!"

이제는 당신의 상사를 관리해야 할 때다. 상사관리를 보다 잘할 수 있도록 함께 연습해보자.

# 첫 번째 관리
# 대상은 자신이다

# 자신을 통제하면
# 어떤 상사도 두렵지 않다

●
●
●

부하직원들은 각 상사와의 관계에서 자신의 역할을 잘 해
내고 싶어 할 것이다. 하지만 솔직히 말해 부하직원의 역할은 별
로 크지 않다. 상사가 공식적 혹은 비공식적 관계에서 책임을 지
기 때문이다.

상사들은 별다른 안내를 해주지 않으면서 업무를 배정할 때 아
마 이렇게 이야기할 것이다. "당신이 알아서 한번 해봐!" 하지만
사실 그 업무의 책임은 당신이 질 수 없다.(당신도 그것을 알기 때
문에 열 받는 것이다.) 당신은 자원(당신의 업무를 보다 효율적으로 완
수하기 위해 필요한 훈련까지도)이 필요할 때마다 상사에게 읍소를
해야 한다. 게다가 업무상 최소한으로 달성해야 할 실적들(예를

들어 분기별 이익률)까지도 책임을 져야 하는 경우가 있다. 이 수치들은 당신의 행동과는 별 관계가 없지만, 당신의 평가 결과와 연봉에는 직접적으로 영향을 미치는 것들이다. 그런데다가 당신의 책상에는 언제든지 해야 할 일들이 산더미같이 쌓여 있어서 도대체 여유 시간이라고는 찾아볼 수가 없다. 상사들은 자기네끼리는 절대 이야기하지 않고 당신에게 경쟁하듯이 일을 시켜대기 때문이다. 게다가 어떤 상사는 일이 마음에 안 들 때마다 성질을 폭발하기 때문에 그 앞에서는 당최 아무 말도 할 수가 없다.

당신의 주위에는 그야말로 문제점들이 산적해 있다. 하지만 시간도 없고 권한도 없어서 그 문제들을 해결할 수가 없다. 마음 같아서는 벽에 붙은 비상벨이라도 울리면서 악을 쓰고 싶다. "정말 나보고 어떻게 하라는 거야!" 하지만 이런 식으로 말했다가는 상사들의 찌푸린 표정만 마주치게 되기 십상이다. 조직에서는 구성원들에게 언제나 긍정적인 태도를 보이고, 자신의 문제를 스스로 알아서 해결하기를 기대하기 때문이다. 즉, 당신이 업무에서 통제할 수 없는 요소들은 대단히 많다.

직장인들을 대상으로 포커스 인터뷰를 실시해 직장에서 성공을 방해하는 요소들이 무엇인지 알아본 결과 그중 90%는 개인이 도저히 해결할 수 없는 것으로 나타났다.

■ 조직의 정책과 규정, 규칙과 문화, 표준업무절차

- 이제까지 일을 진행해왔던 방법
- 너무 많은 일 / 모자란 시간
- 너무나 사소한 일들이 산적하다 보니 정작 가장 중요한 일을 하지 못하는 것
- 조직 구성원들 간의 갈등으로 인한 스트레스 축적 및 부정적인 분위기 조성
- 얻을 수 있는 자원이 한정되다 보니 필요한 인적 자원이나 물적 자원, 도구들이 없을 때도 있음
- 조직 내 불명확한 관리체계
- 너무나 다양한 사람들의 지시
- 각각의 상사마다 다양한 수행 기준을 가지고 있으며, 규칙과 정책들에 대해 다른 해석을 하고 일의 우선순위를 다르게 생각함
- 걸핏하면 악을 쓰고 고함을 쳐서 일을 어렵게 만드는 상사
- 관리자들은 1대1 면담을 하려고 하지 않기 때문에 그들의 기대를 명확하게 알 수 없고, 성과를 검토받지 못하며, 솔직하고 건설적인 피드백을 얻을 수 없음

조직에 대한 모함이라고? 오해하지 마라. 위의 사항들은 실제 현장에서 당신의 성공을 어렵게 만드는 현실적인 도전과제들이다. 문제는 당신이 통제할 수 없는 부분에 초점을 맞추게 되면 무기력감을 느끼기 쉽다는 것이다. 자존감을 느끼고 싶다면 스스로

통제할 수 있는 부분에 관심을 가져보자. 그것은 바로 당신이다.

물론 당신이라고 시간이 많은 것은 아니다. 하지만 자기 자신의 시간은 얼마든지 통제가 가능하다. 즉, 각각의 상사를 관리하는 데 능동적으로 대처할 수 있는 것이다. 당신에게 기대되는 바와 목표, 지켜야 할 가이드라인과 스케줄을 명확하게 이해하기 위해 노력할 수 있다. 물론 정말 당신이 원하는 대로 연봉을 높이거나 작업환경을 개선할 수는 없더라도 필요한 자원을 얻기 위한 방법을 찾아볼 수도 있고, 자신의 성과를 기록해서 스스로에게 보상을 할 수도 있다. 동료가 열정이 많고 적극적이든, 상사가 소리만 꽥꽥 지르고 못된 성격이든 상관없이 당신은 궁극적으로 이해관계자들과 어떻게 일을 할 것인지 결정할 수 있다.

무엇보다 우선시해야 할 사항은 매일 관리해야 할 첫 번째 대상이 당신이라는 것을 명확히 인식하는 것이다. 업무 외적인 일을 잘 정리하고 일을 할 때에는 최선의 역량을 다해 일을 하도록 하자. 일을 하는 동안에는 최대한 집중해야 한다. 가장 먼저 해야 할 일은 당신에게 배정된 역할을 잘 수행해내는 것이다. 그리고 상사를 관리하기 전에 다음과 같은 일들을 하도록 하자.

- 조직이나 부서에서 맡은 역할을 파악하자.
- 매일의 업무에 최선을 다하자.
- 일을 할 때 얼간이 노릇을 하지 않도록 하자.

- 모범적인 직장인이 되자.

- 맡은 일을 훌륭한 수준으로 신속하게 해내자.

- 투덜이가 아닌 문제해결사가 되자.

- 어떤 문제가 생길지 예측하고 그 문제를 예방하자.

- 정기적으로 당신의 생산성과 일의 수준, 행동 유형을 점검하자.

이와 같이 자신을 통제하는 것에 집중해보자. 외부적인 요소들 또한 당신의 업무에 영향을 주는 것이기 때문에 절대 무시할 수 없다. 하지만 당신은 업무환경 내에서 자신이 하는 일을 더 잘 통제할 수 있으므로 첫 번째로 해야 할 일은 조직에서 자신이 해야 할 일을 이해하는 것이다.

# 조직이나 부서에서의
# 역할을 파악하라

●
●
●

당신이 누구이든, 어떤 일을 하고 싶든, 어떤 식으로 행동하기를 원하든 간에 업무환경 내 당신의 역할은 대부분 당신과 관련 없는 요소들에 의해 정해진다. 조직 내 업무환경들은 대부분 당신이 해낼 수 있는 가능성과 범위를 제한한다.

당신의 업무환경과 역할을 결정하는 요소들을 파악하려면 우선 자신에게 이런 질문들을 해보아야 한다. '내가 일하는 곳은 어떤 성격의 조직/부서인가? 여기서 진행되는 일은 무엇인가? 내가 속한 집단의 목표는 무엇인가? 나와 함께 일하는 사람들은 어떤 사람들인가? 각 구성원들은 어떤 역할을 하는가? 이 사람들은 어떤 것을 추구하고 있을까? 각 구성원들에게 기대되는 바

는 무엇인가? 이 조직의 (공식적/비공식적인) 표준업무절차는 무엇인가?'

일단 당신의 업무상황을 파악했다면 그 맥락 안에서 자신의 역할은 무엇인지 생각해보자. '나는 왜 여기 있는가? 나에게 요구되는 것은 무엇인가? 나는 언제 그 미션을 받았는가? 동료들과의 관계에서 내가 해야 할 역할은 무엇인가? 미션을 달성하기 위해 내가 해야 하는 역할은 무엇인가? 내가 해낼 수 있는 업무는 어떤 것인가?'

업무맥락 안에서 자신이 맡은 역할에 대해 진정으로 이해했다면 가장 먼저 해야 할 일은 최선을 다해 그 역할을 수행하는 것이다. 즉, 자신이 맡은 일이 조직의 전체적인 미션과 비교했을때 너무 시시하고 지루하거나 반복적인 일로 느껴진다 해도 최대의 능력을 발휘하고 더 많은 시간과 에너지를 투자해야 한다.

# 매일의 업무에
# 최선을 다하라

●
●
●

조직에서 당신이 보여주는 태도는 정말 중요하다. 노력하는 자세 또한 매우 중요하다. 왜 직장에서의 태도와 노력하는 자세가 그렇게 중요한지 한 가지 사례를 통해 살펴보자.

지난 몇 년 간 나는 미군의 핵심인재들과 함께 일해볼 기회가 있었다. 최근에는 중요한 군사항공기 담당자들과 이야기를 했는데, 그들의 임무 중에는 (최대 10시간 동안) 항공기에서 지표면에 대한 경계를 완벽하게 해내기 위해 바닥에 있는 유리창에 얼굴을 대고 엎드려 있는 것도 있다고 했다. "기본적으로 눈을 크게 뜨고 집중해서 엎드려 있어야 해요"라고 젊은 공군 이등병은 말했다. "우리 비행기에는 최신 시스템이 장착되어 있습니다. 하지만 저의 시력 또한 매우 중요한 도구입니다. 우리가 민간인에게 폭격을 하지 않도록 지상에서 보이는 대상을 확인해주는 것이 제 임무이니까요. 그러면서 적군의 총포에서 나오는 불꽃도 감시합니다." 이 젊은이에게 주어진 또 다른 중요한 미션은 자신이 탄 항공기를 향해 적군의 포탄이 날아오지 않는지 지켜보는 일이었다. "만약 포격을 당할 경우 그 사실을 알아채고 항공기를 보호하기 위해 대응하기까지 몇 초의 여유밖에 없기 때문입니다."

이 젊은이와 이야기를 하면서 내 머릿속에는 수많은 사람들이 스쳐 지나갔다. 바로 자신이 하고 있는 일이 정말 '하찮고, 재미없으며, 반복적이다'라고 불평하던 사람들 말이다. 이 공군 이등병은 한번 엎드리면 몇 시간 동안이나 최대한 눈을 깜빡이지 않으려고 애쓰며 집중해야 한다. 10시간 동안 근무를 한다면 실제 무엇인가를 발견하고 행동을 취할 만한 일은 몇 건 있을까 말까 하다. 나는 그 친구에게 항상 그렇게 긴장하고 있기가 힘들지 않냐고 물어보았다. "선생님, 저는 그렇게 해야만 합니다. 저나 지상에 있는 사람들이나, 저의 동료들 모두에게 삶과 죽음의 경계는 종이 한 장 차이이니까요."

항공기 동료들은 모두 13명이었다. 각 구성원들은 매우 작은 범위의 전문적인 역할을 하고 있었고, 그들의 업무는 항공기의 안전을 보장하고, 미션을 효과적으로 달성하는 데 핵심적으로 필요한 일이었다. 그리고 모든 구성원들은 각자의 역할이 삶과 죽음을 결정할 만큼 중요하다는 것을 너무나 잘 알고 있기 때문에 항상 110%의 역량을 발휘하려 애쓰고 있었다.

　당연히 나는 당신이 조직에서 매일 하는 행동 하나하나가 당신의 목숨을 위협할 만한 상황이 아니기를 희망한다. 하지만 조직에서 성공하기를 바란다면 앞서 말한 공군 이등병의 행동을 모범으로 삼을 필요가 있다. 당신의 현재 역할이 얼마나 작고 하찮든, 재미없고 반복적이든 간에 그 역할을 최대한 잘 해내려 노력하자. 진정으로 성장하기를 원한다면 매일의 생활에서 최선의 노력을 다하고 최적의 태도를 보여줄 필요가 있다. 모든 일을 완벽하게 해내라는 것보다 이편이 좀 더 쉬울 것이다. 그렇지 않은가?
　서점에서 흔히 찾아볼 수 있는 수백 가지 이론서들은 어떻게 하면 일을 하는 데 있어서 최선을 다할 수 있는지에 대해 이야기해준다. 그 내용을 잠깐 살펴보고 넘어가도록 하자.

## 자신의 강점을 활용하라

　'당신이 관심을 갖고 있으며, 실제로 잘하는 과제와 업무에 우선순위를 두라.' 이는 훌륭한 조언이며, 실제로 조직에서 느끼는 스트레스를 많이 덜 수 있는 방법이다. 하지만 문제는 대부분 스스로 재미있어 하고 잘하는 일을 할 수 있는 기회가 별로 주어지지 않는다는 사실이다. 진정한 도전과제는 매일의 생활 속에서 자신이 진정으로 즐기거나 잘하는 일이 아닐 때에도 지속적으로 좋은 성과를 내면서 최적의 컨디션을 유지하는 방법을 찾는 것이다.

## 업무시간과 자유시간의 균형을 맞추어라

'휴식하기, 회복하기, 긴장 풀기, 활기 되찾기.' 이런 것들은 모두 훌륭한 조언이다. 하지만 업무시간에서나, 업무 외 시간에서나 우리가 원하는 것을 할 수 있는 시간은 충분치 않다. 진정한 도전과제는 충분히 생각하거나, 휴식을 취할 수 없을 만큼 바쁠 때에도 높은 집중력을 유지하고, 열정적인 태도를 갖는 것이다.

## 좋아하고 존경하는 사람들과 함께 일하라

'싫어하는 사람은 되도록 피하고, 함께 일하기 좋은 사람에게 집중하라.' 이 또한 좋은 조언이다. 하지만 문제는 소수의 사람들만이 동료나 부하, 상사나 고객을 선택할 수 있다는 사실이다. 진정한 도전과제는 도저히 함께 일하고 싶지 않은 사람들과 일해야 할 때에도 균형을 잡고 평정을 유지할 수 있는 방법을 찾아내는 것이다.

## 편안하고 좋아하는 분위기에서 일하라

이 역시 진정한 도전과제는 신체적으로 불편하고 개인적으로 선호하지 않는 환경에서 일해야 할 때 어떻게 하면 꿋꿋이 버틸 수 있는지 찾는 것이다.

## 직장에 들어서면 개인적인 이슈는 잊어버려라

대부분의 훌륭한 조언들과 마찬가지로 이 역시 정말 비현실적인 이야기다. 개인적인 삶에 문제가 있다면 당연히 집에 있든 직장에 있든 이러한 걱정거리들에 정신을 빼앗기게 될 것이다. 때로는 직장에서도 개인적인 이슈를 고민해야 하고, 집에서도 직장 문제를 고민해야 한다. 업무와 개인적 삶 사이의 경계는 오늘날의 7일 / 24시간 근무환경(옮긴이: 스마트폰의 혜택에 의한 환경)

에서는 더 이상 명확할 수가 없다.

보통 사람이라면 누구나 이러한 고민거리 때문에 골머리를 앓고 있을 것이다. 많이 지쳐 있을 것이고 사기도 떨어져 있을 것이다. 따라서 우리가 최선을 다해 일을 하기 전에 우선적으로 해야 할 일은 최상의 컨디션을 만드는 것이다. 즉, 직장에서나 개인적인 삶에서나 모두 자신을 잘 돌볼 필요가 있다.

건강한 삶을 유지하기 위해서는 크게 세 가지 요소를 점검해야 한다. 나는 다음의 체크리스트를 종종 세미나 참가자들에게 활용하곤 한다. '나는 최선을 다하고 있는가 : 현실 체크리스트'

a. 심리적 건강을 잘 돌보고 있는가?

현재 마음의 평화를 위해 중점적으로 투자하는 것은 무엇인가? 나의 내면적 건강을 더욱 좋게 하기 위해 어떤 노력을 할 것인가?

b. 신체적 건강을 잘 챙기고 있는가?

주로 몇 시에 잠을 자는가? 신체적 건강관리를 위해 어떤 노력을 하는가? 어떤 운동을 하는가?

c. 영적 건강에 신경을 쓰고 있는가?

자기 자신의 가치관을 제대로 파악하고 있는가? 인생의 목표는 무엇인가? 어떤 태도를 가지려고 노력하는가? 좀 더 좋은 태도를 가지기 위해 어떻게 애쓸 것인가?

업무를 할 때 최적의 컨디션과 태도를 유지하기 위해 노력한 다는 것은 곧 높은 업무 역량과 솔직성, 적응성을 개발하는 것을 의미한다. 당신은 당신의 언어와 행동, 업무성과로 표현된다. 당신이 얼마나 좋은 의도를 갖고 있든, 당신이 얼마나 좋은 사람이든 상관없이 사람들은 당신의 언어와 행동, 업무성과만으로 당신을 평가하기 때문이다.

## 업무의 질을 높여라

'일을 하는 데 있어서 언제나 높은 수준을 유지하기 위해 노력하라. 그리고 실행하라. 100%의 신화에 주눅 들지 마라.' 대부분의 사람들이 열심히 노력하면 미션의 98%를 달성한다. 내가 생각하기에 98%는 인간이 달성할 수 있는 최고의 기준인 듯하다. 피할 수 있었지만 범해버린 자그마한 실수들은 용서되어야 한다는 뜻이 아니다. 여기서 말하는 2%는 '발등에 불이 떨어져야 일을 시작하는 사람들'이나 '실패를 두려워하는 사람들'(완벽주의자라면 절대 실패는 없어야 한다)에 의해 만들어진 신화에 대한 부분이다. 이 2%는 사실 굉장히 사소해서 시간을 내 고민할 가치도 없다. 그러므로 가장 높은 수준(98%)으로 일을 완성하기 위해 노력하라.

## 양심에 따라 생각하고 행동하자

누군가 당신에게 거짓말을 하거나 속임수를 쓰고, 도둑질을 하거나 다른 사람을 해치라고 지시한다면 그런 일은 할 수 없다고 분명하게 말해야 한다. 그럼에도 불구하고 계속해서 강요한다면 그 회사를 그만둬라. 누군가에게 도움을 청해도 된다. 어떤 상황에서든 비윤리적인 거래에 개입해서는 안 된다. 생각할 가치조차 없다. 항상 정직하게 행동하고, 정직한 사람들에게 인정을 받아라. 물론 쉬운 일은 아닐 것이다. 불성실함과 부패가 만연한 상황에서 '그건 아니다'라고 말하기란 엄청난 용기가 필요한 일이다.

진정한 양심을 가진 사람이라면 다음과 같은 상황에서 적극적으로 행동해야 한다. 사람들이 당신만 바라보고 있을 때 과감하게 등 돌리기, 그 누구도 당신을 신뢰하지 않을 때에도 사람들을 도와주기, 불공정한 대우를 받는 사람들이 있을 때 개입하기, 대중적이지 않지만 당신이 믿고 있는 신념에 대해 이야기하기 등.

## 적응력을 키워라

　과거의 관행에만 익숙해져 있는 사람이라면 새로운 스킬을 배우고 새로운 과제를 수행하고 기존의 과제를 새로운 방법으로 수행하며 새로운 도구, 새로운 관리자, 새로운 동료, 새로운 고객, 새로운 규칙이나 규칙이 없는 상태에 적응하기 어려워하게 마련이다. 이러한 사람들이 가장 견디기 힘들어하는 것은 '불확실성'이다. 저 앞의 코너를 돌면 도대체 무엇이 기다리고 있는지 알 수 없는 것이다. 이런 사람이 되지 말아야 한다. 이제부터는 변화를 사랑하는 태도를 키우자.

　현재 요구되고 있는 변화와 앞으로 다가올 불확실성을 수용할 수 있어야 한다. 당신 주위의 모든 것들은 계속해서 변화할 것이고, 그 변화의 속도는 점점 더 빨라질 것이며, 그 변화는 당신이 있든 없든 지속될 것이기 때문이다. "최적의 자신을 일터에 데리고 오라"는 말은 어떤 상황에서도 자발적으로 일하는 사람이 되라는 것을 뜻한다. 어떤 것이 요구되든, 그 요구가 언제 이루어지든, 당신이 이미 알고 있는 일에 대한 요구이든 아니든, '당신이 맡고 있는 일'이든 아니든, 당신이 좋아하는 일이든 아니면 몇 주나 몇 개월 동안 참아내야 할 일이든 자발적인 자세로 임하는 것이 중요하다.

# 일할 때 얼간이같이
# 굴지 마라

●
●
●

세미나에서 나는 종종 과거에 함께 작업했던 소규모 소프트웨어 회사의 예를 들곤 한다. 1990년대 후반 '얼간이 없애기 (no jerks)' 정책으로 악명을 떨쳤던 회사다. 이 회사는 "얼간이같이 굴지 마라"는 캐치프레이즈를 걸고, 대인관계상 뭐라고 꼬집어 말할 수 없는 점들을 잡아내려 애썼다.

이 이야기를 하면 세미나에서는 활발하게 토론이 이루어지는데, 주요 주제는 '직장에서 얼간이 노릇을 한다는 것은 어떤 의미인가'에 대한 것이다. 참가자들 중에는 누군가 얼간이 짓을 하면 알아채기 쉽다고 이야기를 하는 경우가 많다. 진정한 도전과제는 바로 자신이 얼간이 짓을 했을 때 스스로 자각하는 것이다.

어떻게 하면 스스로 깨달을 수 있을까? 자신이 다음과 같은 행동을 하고 있다면 잠깐 멈추고 스스로를 뒤돌아보자. 그때가 바로 당신이 얼간이 짓을 하고 있을 때다.

- 다른 사람들에게 주는 것보다 바라는 것을 생각하면서 관계를 맺을 때
- 뭔가 일이 잘못 돌아가고 있다는 것을 깨달았음에도 불구하고 스스로 문제를 만들지는 않았는지, '문제해결을 위해 할 수 있는 일은 없는지' 생각하기보다는 다른 사람들을 비난하고 핑계 만들기에 급급할 때
- 자기 자신을 매우 중요하게 여기지만, 스스로 해야 할 일은 별로 중요하게 생각하지 않을 때
- 동료들을 못살게 굴거나 놀리고, 별명을 부를 때
- 다른 사람들이 이야기하고 있을 때 끼어들거나 다른 사람의 이야기를 귀 기울여 듣지 않을 때
- 부정적인 선입견을 가지고 주위 사람들을 관찰할 때
- 다른 사람의 업무성과에 대해서는 가타부타 말이 많지만, 자신의 생각을 생산적인 방법으로 정교화하지는 못할 때
- 일을 더 잘하기 위한 노력은 하지 않으면서 현 상황의 부정적인 면에 대해서만 초점을 맞출 때
- 동료의 성공을 시기하며 못마땅해하고, 심지어 훔치려 할 때

■ 혼잣말을 할 때에도 분노를 폭발하거나 고함을 지를 때

자신이 이런 행동을 하는 것을 자각했는가? 그렇다면 당신은 아마도 직장에서 얼간이 짓을 하고 있을 것이다. 그러한 행동은 앞으로 당신의 성공을 방해할 가능성이 매우 높다는 것을 꼭 기억하기 바란다.

자, 이제 더 이상 얼간이 짓을 할 수는 없다. 대인관계 기술이 좋고, 다른 사람들과의 상호작용에 대해 민감한 사람들은 실제로 성공할 가능성이 훨씬 더 높은 것이 사실이다. 그렇다면 '좋은 대인관계 기술'과 '민감한 상호작용' 능력을 개발할 수 있는 방법은 무엇일까?

### 사람들과의 대인관계에서
### 다른 사람에게 주어야 하는 것에 집중하라

우선 현재(또는 가까운 미래)의 관계에서 당신이 더 발전시키고 싶은 가치가 무엇인지를 명료화하자. 상대방에게 주고 싶은 가치가 무엇인지 알지 못한다면 그 가치를 상대방에게 전달하는 것은 절대 불가능하기 때문이다.

## 신뢰를 주는 사람이 되어라

자기 자신의 말과 행동에 대해 책임을 지자. 스스로 믿을 만한 사람이 되자. 그리고 실수를 했을 때에는 절대 변명하지 말자. 솔직하게 사과하고, 그 문제를 해결하기 위해 노력하면 된다.

## 이기적인 태도를 버려라

상대방에게 바라는 것만 너무 중요하게 생각하지 말고, 스스로의 책임과 해야 할 일에 대해서도 항상 진지하게 생각하자. 자신의 신뢰도를 무너뜨리지 말자.

## 귀 기울여 들어라

사람들이 이야기를 할 때에는 절대 끼어들거나 다른 생각을 하지 말자. 상대방의 이야기에 귀를 기울여보자. 그리고 당신의 차례가 되면 상대방의 의견을 묻는 개방형 질문을 한 후 그 사람이 하는 말이나 그 견해를 이해했다는 확신이 들면 솔직하게 대답하자.

## 공감하라

항상 자신을 상대방의 위치에 세워놓고 생각을 해보자. 만약 당신이 그 사람의 위치에 있었다면 어떤 생각과 감정을 가졌을 지에 대해 스스로에게 질문해보라. 그러고 나서 동일한 상황에서 당신이 듣고 싶었던 말과 기대했던 행동을 해보자.

## 상대방에게 존경과 사랑을 표현하라

주위 사람들에게 관심을 보이자. 누군가 시간에 쫓기고 있다면 이야기를 짤막하게 끝내자. 무엇인가 잘못되고 있다면 도와줄 것이 있는지 물어보라(그렇다고 목을 조르면 안 된다). 상대방이 모욕적으로 느낄 수 있는 이야기를 하는 것은 금물이며, 칭찬할 것이 있을 때에는 망설이지 마라.

## 생각하는 바를 명확히 설명하고 이해를 구하라

당신이 무엇을 생각하고 있는지 이야기하지 않는다면 사람들과 상호작용을 하거나, 당신의 관심사를 공유하거나, 그들의 생각에 영향을 미치거나, 당신과 같은 생각을 하도록 설득할 수 있는 가능성은 떨어진다. 물론 때로는 자신이 정말 무엇을 원하는지 조용히 생각해보는 것이 도움이 될 때도 있다. 그리고 나서 사람들과 공유하고 싶은 내용이 명확해지면 당신의 메시지를 전달하기 위해 어떤 식으로 이야기해야 효과적인지 심사숙고해보자.

## 주위 사람들에게 동기부여가 되는 사람이 되어라

어떤 일을 하든 긍정적인 결과를 그려보자. 열정적으로 당신의 긍정적인 비전을 공유하자. 한 가지라도 실행 가능한 해결책이 있다면 부정적인 생각은 하지 말자.

## 다른 사람의 성공을 축하해주어라

동료들이 아무리 작은 성공을 했더라도 그들의 성공을 기뻐해주자. 그리고 그들이 어떻게 그 일을 잘해냈는지 파악하기 위해 노력하자.

# 모범적인
# 조직 구성원이 되어라

●
●
●

내가 이제까지 함께 일해본 조직들 중에서 가장 기억에 남는 곳은 한 레스토랑 체인이었는데, 이곳의 가장 큰 규칙은 '일요일 휴점!'이었다. 이 레스토랑은 각 지점의 점주가 수입의 일부에 대한 권리를 갖기 때문에 '일요일 휴점'이라는 정책은 결국 점주가 매주 레스토랑의 수입 중 1/7(주말 휴점이므로 사실 1/7 이상일 것이다)을 잃는다는 것을 의미했다. 물론 모든 점주는 지점 계약을 할 때 이 부분을 감수하겠다는 약속을 했다. 본사의 한 리더가 나에게 이런 말을 했다. "이게 우리예요. 우리의 정체성이죠. 그 정책은 우리의 가치를 대변합니다. 만약 당신이, 우리 레스토랑이 일요일에 쉬는 것을 싫어한다면 아마 그 외에도 마음에

안 드는 점이 많을 겁니다."

사실 한 조직의 전체적인 문화는 전통적이고 관습적인 여러 가치들로 구성되어 있다. 그래서 그 가치관을 공유하지 않는 한 그 조직 내에서 성공하기는 매우 어려울 수밖에 없다. 그 조직이 당신을 차별해서가 아니라 당신이 거기에서 편안함을 느끼지 못하기 때문이다. 결국 그것은 '가난의 맹세(물질적 재산의 축적을 거부하기로 한 신성한 맹세-옮긴이)'를 한 사람이 골드만삭스에서 일을 하겠다는 것과 마찬가지다. 누가 이런 일을 하겠는가?

이런 이야기들이 당신에게는 어떤 의미를 가지는가? 우리는 스스로에게 어떤 것이 중요한지 한번 생각해볼 필요가 있다. 당신이 동의할 수 없는 것이 무엇인지 알아보라. 그리고 당신의 조직이 가지고 있는 문화와 가치관을 이해해야 한다. 그 조직에서 일하는 것이 불편하다면 당신은 어떤 가치를 수용하지 못할 수도 있다. 조직에서의 가치와 문화는 대개 문서(조직의 미션, 행동 강령, 규칙, 규정들)와 관습법(조직에서 일이 돌아가는 법칙)으로 표현된다.

조직의 문화와 가치관에 대해 파악했다면 과연 그 조직에 적응해서 모범적인 조직 구성원이 될 수 있을지 한번 생각해보라. 스스로에게 다음과 같이 질문해보자. "나는 직장에서 일할 때 기분이 좋은가? 편안함을 느끼는가? 나는 이곳에서 성공할 수 있을까?" 만약 조직의 문화와 가치관을 수용하기 어렵다면 당신은

매우 힘든 시간을 보내게 될 것이다. 당신이 진정한 무정부주의
자라면 국세청에 근무하지 말아야 한다. 유니폼을 입기 싫어한
다면 경찰이 되지 말아야 한다. 육식을 하면 안 된다고 생각한다
면 스테이크 전문 식당에서 일하지 말아야 한다.

그렇다고 오해하지 말기 바란다. 자신이 동의하지 않는 조직
의 가치관과 문화를 무조건 수용하라는 것은 아니다. 그 조직의
문화를 받아들일 수 없다면 다른 곳을 찾아보라는 의미다.

모든 조직은 서로 다른 특성을 가지고 있지만 모범적인 조직
구성원이 되기 위해 참고하면 좋을, 예전부터 내려오는 공통적
인 행동 기준들이 있다.

- 정시에 출근하자. 조금 더 일찍 나온다면 더욱 좋다.
- 지나치게 긴 휴가는 금물이다.
- 이른 퇴근은 좋지 않다. 가끔씩은 조금 늦게 퇴근하자.
- 덜 약속하고 더 해주어라.
- 자리에 없는 사람을 비난하거나 뒷말을 하지 말자.
- 약속을 꼭 지키자.
- 자신감을 갖자.
- 정확한 정보를 제공하는 사람이 되자.
- 그 누구든지 기다리게 하지 말자.
- 너무 초라하게 옷을 입기보다는 조금은 더 신경 써서 옷을 입자.

■ 전통적으로 인정받는 바람직한 태도를 갖자. "부탁합니다, 감사합니다, 천만에요, 실례합니다, 죄송합니다, 혹시 괜찮으시다면"이라고 말하자. 상대방을 부를 때에는 "선생님, 박사님, 교수님"과 같은 존칭을 사용하자.

# 훌륭한 수준으로
# 신속하게 일하라

●
●
●

일상적인 업무에서 능력을 110% 발휘하도록 노력하고 좋은 대인관계를 유지하려 애써도 성과가 좋지 않을 때가 있다. 가령 성과 수준이 기대했던 것보다 낮거나, 생산율이 낮을 때, 들인 시간에 비해 결과가 만족스럽지 못할 때도 있다. 역량이 높고 열심히 일하고 있는 핵심인재들의 이야기를 들어봐도 '아직 필요한 수준까지 능력을 끌어올리지 못해 걱정'이라고들 한다.

현재 소규모의 컨설팅회사 임원으로 일하고 있는 전문가의 사례를 한번 들어보자. 이 전문가도 핵심인재였지만, 처음부터 한 기업의 임원으로서 일할 수 있었던 것은 아니었다. 그전에는 좀 더 규모가 큰 컨설팅회사에서 중간관리직을 맡았었다.

그는 나에게 이러한 이야기를 들려주었다. "제가 이 회사에서 처음 일을 시작했을 때를 떠올려보면 정말 불편하고 힘들었어요. 이전 회사에서는 업무체계가 더 확실하게 잡혀 있었거든요. 그때는 충분한 인원으로 구성된 팀과 함께 한 명의 고객을 대상으로 몇 개월 동안 일을 했습니다. 동료들은 모두 개인 업무계획을 세웠고, 마감기한을 지키려 애썼습니다. 정해진 가이드라인을 지키고 있는지 서로 모니터링해주기도 했고요. 매주 월요일에는 그 주에 우선적으로 해야 할 업무가 무엇인지, 전체적으로 해야 할 일에는 어떤 것들이 있는지에 대해 팀 미팅을 하기도 했지요.

그런데 새로운 회사에 와보니 일을 하는 데 있어서 필요한 체계가 전혀 잡혀 있지 않았습니다. 고객을 대할 수 있는 기회도 별로 없고, 한 가지 일을 하다가 전혀 다른 성격의 일을 병행해야하는 경우도 많았습니다. 어떤 프로젝트를 하든 간에 전체적인 업무계획이 없더군요. 그래서 일의 우선순위를 정하기도 어려웠고, 체계적으로 일하거나 집중할 수가 없었어요. 그러다 보니 당연히 이전 회사에서보다 생산성을 내기가 더 어려웠지요. 정신을 차려보니 제가 계속해서 일의 방향을 잘못 잡고 있더라고요. 더 일찍 출근하고 더 늦게 퇴근했지만, 하릴없이 책상에만 오래 앉아 있을 뿐이었어요. 이제까지보다 더 열심히 일을 했지만 그걸 알아주는 사람은 없었습니다."

상황이 점점 더 악화되던 차에 어느 날 한 임원과 마음을 터놓고 대화를 할 수 있는 기회가 생겼다. "그 사람은 아주 단순하게 이야기하더군요. '나도 당신 같은 시기가 있었어요. 지금 어떤 것 때문에 힘든지 알아요. 업무체계가 잘 잡혀 있는 큰 회사에 익숙해져 있으니까요. 하지만 여기에서는 아무도 그 체계를 잡아주지 않아요. 당신이 일을 하려면 스스로 시스템을 만들어야 합니다.'"

그는 어떤 것을 배우게 되었을까? "그때 느꼈어요. '좀 더 일을 조직화해야 하겠구나. 시간관리를 잘 해야 하겠구나.' 그때부터는 각 단계의 업무내역을 기록하고 집중력을 유지하기 위한 습관을 들이기 시작했습니다. 우선적으로 해야 할 업무를 정하고, 작업계획을 짜고, 세부작업 목록을 만들고, 품질관리를 위해 체크리스트를 활용했어요. 그게 꽤 도움이 되더라고요. 그리고 바로 그때가 예전과 같이 일을 잘 해낼 수 있는 능력을 가지게 된 전환점이 되었지요." 바로 이거야!(Eureka!)

혹시 이와 비슷한 걱정을 하고 있다면(열심히 일하지만 기대한 만큼 성과가 나오지 않는다면), 특히 업무의 조직화와 집중력을 유지하는 부분에 관련된 업무습관을 점검해볼 필요가 있다. 어디서, 어떤 일을 하든지 상관없이 일을 신속하게 잘 해내고 싶다면 다음과 같은 좋은 습관을 들여보자.

# 시간을 현명하게 관리하자

1주일은 168시간이다. 당신은 이 시간들을 어떻게 사용하고 있는가?

사람들은 대부분 자신이 지금 어떤 일을 하고 있는지 자각하지 못한 채 많은 시간을 낭비한다. 자신의 시간 사용패턴을 점검해보고, 낭비되는 시간을 줄인 후 우선적인 업무에 집중해보자. 이때 스스로에게 줄 수 있는 최고의 선물은 전통적인 시간관리표다. 이를 활용해 자신의 행동패턴을 점검하고 낭비되는 시간을 줄여보자. 한 가지 행동을 할 때마다 시간관리표에 적어보는 것이다. 이 시간관리표가 효과를 보려면 모든 행동들을 정확하고 솔직하게 적어야 한다. 3~4일 동안 점검해보면 대부분 시간

❖ **시간관리표 사례**

| 시간 | 행동패턴 |
|------|----------|
| 오전 7:00 | 자기 자리에 앉아서 해야 할 일을 적은 리스트를 다시 읽고, 오늘 우선적으로 해야 할 업무를 정했다. |
| 오전 7:10 | 화장실에 다녀와서 커피를 마셨다. |
| 오전 7:45 | 자리에 돌아와서 이메일을 열었다. |
| 오전 8:30 | 관리자의 이메일에 대한 답장을 준비하기 시작했다. |
| 오전 8:40 | 친구 스미스의 전화를 받았다. |
| 오전 9:15 | 계속해서 관리자의 이메일에 대한 답장을 작성했다. |
| 오전 9:25 | 화장실에 다녀와서 커피를 한 잔 더 마셨다. |

을 어떻게 사용하고 있으며, 주로 언제 시간을 낭비하게 되는지 알 수 있다.

## 우선순위를 정하고 정기적으로 재점검하자

시간은 너무 없고 해야 할 일은 정말 많다면 우선순위를 정해야 한다(업무과정의 순서 정하고, 먼저 해야 할 일 정하기). 그렇게 함으로써 정해진 순서대로 성과를 얻을 수 있도록 업무과정을 통제한다. 우선순위의 업무에 시간을 충분히 배정하고 있는지 확인해보라. 일상생활에서 업무순서를 정할 때에는 중요한 업무를 먼저 하고, 중요도가 낮은 업무를 뒤로 미루면 된다.

## 업무의 모든 단계를 계획하되
## 변화가 필요하면 신속하게 대응하자

현실적인 업무계획을 세울 때에는 각 단계의 과제를 해결하기 위해 어느 정도의 시간이 소요될지 파악해야 한다. 큰 프로젝트는 세부적인 과제들로 쪼개고, 각 과제들을 완료하기 위해 필요한 시간을 예상해보자. 그런 다음 현실에 기반하여 계획표를 세워보는 것이다.

아무리 대단한 계획을 세우더라도 방해물은 항상 나타나기 마련이다. 다양한 위기상황과 장애물들이 나타나서 계획을 방해할 것이다. 그렇다고 포기할 필요는 없다. 업무의 모든 단계에서 필요한 변화에 맞게 계획을 수정할 줄 아는 여유를 가지면 된다.


## 항상 기록하는 습관을 들여라

기록을 하는 것은 일을 하는 데 있어서 핵심적인 과정이다. 업무의 모든 단계에서 기록을 해두면 세부적인 업무를 수행하고 진행 과정을 점검하는 데 도움이 되고, 필요한 경우 계획을 수정하는 데에도 도움이 된다. 이러한 기록을 기반으로 체크리스트를 만들고, 업무의 품질과 완결성을 검토하자. 수술실, 항공기 조종실, 핵무기 발사장, 회계법인, 일을 하는 데 있어서 오류가 생기면 안 되는 곳에서는 그 어디서든 체크리스트를 활용하자. 다 그만한 이유가 있는 것이다!

체크리스트는 매우 파워풀한 도구다. 당신이 어디서, 어떤 일을 하든 간에 기록을 하고 작업내역과 체크리스트를 활용하면 실수가 일어날 확률이 줄어들고, 업무의 완결성은 상승되고 업무과제는 제시간에 완료될 것이다.

## 이제 실행에 옮기자

　실제로 행동하지 않으면 이루어지는 것은 아무것도 없다. 지금 행동해야 하는 사람은 바로 당신이다. 전화를 100통 해야 한다면 첫 번째 전화를 걸고, 두 번째 전화를 하고, 세 번째 전화를 해야 한다. 각각의 전화를 거는 행동이 중요한 것이다. 이러한 행동은 더 작은 요소들로 쪼개질 수 있고, 그 요소들은 더 작은 세부 행동들로 구성된다. '도대체 어디서부터 무슨 일을 해야 할지 모르겠다'는 생각이 들어서 힘들다면 각 과제들을 더 작은 요소들로 쪼개고 한 번에 한 가지씩 돌파해나가자. 그러다 보면 앞으로 나아갈 수 있을 것이다.

# 투덜이가 아닌
# 문제해결사가 되어라

●
●
●

당신의 업무가, 당신의 동료가, 당신의 회사가 얼마나 대단하든 간에 어느 회사에서나 크고 작은 문제가 발생하기 마련이다. 이러한 문제들을 모두 당신이 일으키는 것은 아니겠지만 그것들을 해결하거나 결과를 책임져야 하는 것은 바로 당신인 경우가 많다.

내가 세미나에서 문제해결사에 대해 이야기를 하기 시작하면 많은 참가자들이 툴툴대기 시작한다. 가장 많이 나오는 두 가지 핵심 주제는 다음과 같다. 첫째, 문제를 인식하기는 쉽지만 내가 그 문제를 해결할 만한 위치에 있지 않다는 것이 중요하다는 것이다. 둘째, 상사에게 가서 그 문제점에 대해 이야기하면 투덜이라고 찍히기 일쑤라는 것이다. 이런 이야기가 어쩐지 낯익지 않은가? 나는 당신에게 이렇게 이야기해주고 싶다. "투덜이가 아닌 문제해결사가 되어라."

문제가 발생했다면 먼저 그 문제가 위기상황에 속하는지를 판단해보자. 다음과 같은 질문들을 해볼 필요가 있다. '이 문제가 해결이 안 된다면 어떤 일이 일어날까? 지금이 바로 문제해결을 할 최적기인가? 누구에게 이 문제를 보고해야 할까?' 이런 질문 과정은 119에 전화를 할 것인지를 결정하는 과정과 동일하다. 당신이 얼마나 능력이 많고 자신감이 있든 간에 문제가 생겼을 때 혼자 해결하려고 하는 것은 위험하고 책임감 없는 행동이다. 위기상황에서는 누구에게, 어떻게 연락해서, 어떤 식으로 보고해야 하는지에 대해 숙지해두자. 하지만 아무 생각 없이 바로 전화기를 들어서 119를 찾는 것은 그다지 바람직하지 않다. 만약 그 상황이 진정한 위기가 아니라면 상사는 당신을 툴툴대는 투덜이로만 생각할 것이다.

만약 스스로 판단하기에 그 문제가 위기상황이 아니라면 자신이 문제를 해결할 수 있는지, 문제해결을 위한 계획을 세울 수 있는지 한번 생각해보자. 현실적으로 생각해보는 것이다. '누군가의 허가나 도움 없이 문제를 해결해도 될 만한 방법인가?' 긍정적인 평가가 나오면 문제를 해결하고 그 과정에 대해 기록해두자. 반대로 누군가의 허가가 필요하다면 필요한 절차를 밟으면 된다. 이 경우에는 문제해결을 위한 계획에 대해 상사에게 보고를 하자.

물론 당신이 조직에서 가장 쉽게 마주칠 만한 문제들은 대부분 위기상황이 아닌 경우가 많다. 업무를 하면서 생기는 사소한 실수가 가장 흔한 편이다. 하지만 아무리 작은 문제라도 그냥 내버려둬서는 안 된다. 종종 사소한 문제가 더 큰 문제로 발전하는 경우도 있기 때문이다. 일단 문제를 발견하면 적극적으로 명확한 해결책을 찾아내야 한다.

상사와 정기적으로 이야기할 수 있는 시스템이 있다면 그때마다 당신이 발견한 작은 문제에 대해 이야기하는 것이 좋다. 지속적으로 문제점을 발견해낸다는 것은 당신의 능력이 날로 개선되고 있다는 것을 보여주는 것이기도 하다.

# 문제를 예측하고
# 예방하라

●
●
●

문제를 예측하고 피하는 능력을 키우기란 정말 어려운 일
이다. 이를 위해서는 판단력이 필요하다. 훌륭한 판단력은 원인
과 결과 사이의 관계를 볼 수 있는 능력이다. 판단력이 있으면
당신의 결정과 행동이 가져올 수 있는 결과를 명확히 예측할 수
있다.

판단력을 기르기 위해 가장 중요한 요소는 어떤 행동을 하기
전에 앞의 일을 생각하고, 그 행동의 결과에 대해 예측해보는 습
관을 들이는 것이다. '이 행동을 하면 누가 언제 어디서 어떻게
반응을 보일까? 그 이유는 무엇일까? 다른 대안으로는 무엇이
있을까? 비효과적인 대안들은 무엇인가? 다른 결정을 내린다면

어떻게 될까?'

판단력을 기르려면 다음의 결정-행동 도구를 한번 활용해보라.

- 어떤 결정을 내렸는가? 누가 판단했는가? 어떤 결과가 나왔는가?
  - 어떤 결정인가?
  - 누가?
  - 왜?
  - 결과는?

- 어떤 행동이 이루어졌는가? 누가 했는가? 그 이유는 무엇인가?
  어떤 결과가 나왔는가?
  - 어떤 행동이었는가?
  - 누가?
  - 왜?
  - 결과는?

- 선택하지 않았던 결정은 어떤 것이었나? 그 결정을 선택했다면
  어떤 일이 일어났을까?
  - 대안적 결정은?
  - 가능했던 결과는?

■ 선택하지 않았던 행동은 어떤 것이 있었나? 그 행동을 했다면
　어떤 일이 있었을까?

　　– 대안적 행동은?

　　– 가능했던 결과는?

# 생산성과 능력,
# 행동 유형을 점검하라

● ● ●

**철저한 자기평가는** 자기관리의 모든 것이라고 해도 과언이 아니다. 이를 통해 우리는 발전할 수 있다. 지속적으로 자신의 생산성과 업무의 완결성, 세부적인 행동을 평가해보자. 스스로에게 정직한 태도를 가지고, 엄격한 자기평가를 해보는 것이다.

스스로에게 이런 질문들을 해보자.

- 어떻게 하면 생산성을 올릴 수 있을까?
  - 일을 더 신속하게 하기 위해서는 무엇을 할 수 있을까?
  - 업무의 우선순위에 대해 다시 생각해봐야 할까?
  - 집중력을 더 키워야 하는가?

- 낭비되는 시간을 어떻게 하면 줄일 수 있을까?

- 시간관리에 더 신경을 써야 하는가?

- 더 효율적인 계획을 세워야 할까?


■ 어떻게 하면 업무의 완결성을 올릴 수 있을까?

- 과제와 담당 업무를 하기 위한 가이드라인을 제대로 지키고
  있는가?

- 체크리스트를 좀 더 잘 활용해야 하는가?

- 성과를 올리기 위해 좀 더 신경 써야 할 부분이 있는가?


■ 어떻게 행동하면 인정받을까?

- 더 모범적인 조직 구성원이 되려면 어떤 일을 해야 할까?

- 조직에서 기대하는 수준의 행동을 하려면 어떻게 해야 할까?

- 핵심인재로서 행동하려면 무엇부터 시작해야 할까?

- 보다 주도적인 사람이 되기 위해서는 어떻게 하면 될까?


자기평가는 깨달은 바를 실생활에 활용할 때에만 자기발전에
효과적인 도움을 줄 수 있는 도구다. 아주 작은 목표부터 시작하
라. 작은 목표일수록 더 좋다. 그 목표를 달성하면 다시 작은 목
표를 설정하라. 자기관리와 자기발전은 아주 작은 움직임으로도
달성할 수 있다. 그 누구에게도 항상 개선의 여지는 있으므로 자

기관리는 결코 끝이 없는 과정이라고 말할 수 있다.

일단 자신을 통제하고 조절할 수 있게 되면 상사를 관리하는 데 집중할 수 있다. 하지만 자기관리에 대해서는 계속해서 신경을 써야 한다. 아무리 열심히 자기관리를 해도 가끔씩은 실수를 할 수 있기 때문이다.

문제가 생겼을 때에는 어떻게 하면 될까? 좌절을 극복하고, 자기관리의 기본전략을 실행하자. 그리고 일에 복귀해서 더 나은 결과를 만들어내면 된다.

우선 자기 자신을 먼저 관리하라. 그런 후에야 상사를 관리할 수 있다.

# 매일 상사를
# 관리하는 습관을
# 들이자

:

# 상사와의 기 싸움에서
# 주도권 장악하는 법

●
●
●

대부분의 조직 구성원들은 여러 개의 프로젝트와 과제들에 시달리고 있고, 여러 명의 상사들(공식적인 상사 한 명과 비공식적인 몇 명의 상사들, 이들은 팀의 리더이거나 당신의 부서와 밀접하게 같이 일하는 부서장일 수도 있고, 심지어 상사의 상사일 수도 있다)로부터 주어지는 업무 때문에 골머리를 앓는다. 다른 지역에서 근무하고 있는 '원격(remote) 상사'는 '긴급'이라고 쓴 이메일과 음성 메시지들을 줄줄이 날려댄다. 왜냐하면 이 상사는 당신의 프로젝트에 대한 아이디어가 떠오를 때마다 메일을 쓰기 때문이다. 복도 건너편에서 일하고 있는 '이메일(email) 상사' 또한 만만찮게 긴급 이메일을 보낸다. 하지만 누구보다 최악의 상사는 바로 '불안불안(nervous) 상사'로서 항상 당신의 어깨 너머로 무얼 하고 있나 지켜보는 사람이다.

당신이 진정으로 긴급하게 이야기하고 싶은 상사는 당신의 전화나 이메일을 무시하기 일쑤이며 며칠씩 만날 수가 없다. 이 '행방불명(unavailable) 상사'는 어느 날 갑자기 당신의 사무실에 들이닥쳐 '위기상황'을 연출하는 게 특기다. 문제가 해결되고 난후 '행방불명 상사'는 "자, 나는 또 잠시 동안 잠수를 탈 거야"라고 선언하며, 가까운 미래에는 만날 수 없을 거라고 말한다. 무엇인가 심각하게 잘못되지 않는 한 말이다.

당신은 이런 여러 상사들을 관리하는 데에 충분한 시간을 보내고 있는가? 많은 경우 겉으로는 잘해내는 듯 보이지만 실상은 정반대인 경우가 많다. 문제는 당신이 상사와 함께 보내는 시간이 많지 않다는 것이 아니라 상사를 다루는 데 충분한 시간을 쓰지 못한다는 것이다.

1장에서 설명했듯이 대부분의 관리자와 부하직원들은 너무나 많은 업무 때문에 힘들어하고 있지만, 정작 그 문제들에 대해 정기적으로 이야기하는 시간은 비워두지 않는 편이다. 현실적으로 관리에 대한 대화는 즉흥적으로 이루어지기 일쑤다. 그것도 회의 때, 나머지 회의 참석자들은 그 대화에 참여할 필요도 없을 때 말이다. 또는 갑작스러운 이메일과 음성 메시지를 통해, 복도에서 지나가면서, 아니면 뭔가 다른 큰 문제가 생겼을 때 곁다리로 이야기될 뿐이다. 나는 이런 현상을 '대충 그때그때 봐가며 하는 관리(management on the fly)' 또는 '특별할 때에만 하는 관리'라고 부른다. 그런 식으로 관리를 하게 되면 대화의 시기를 체계적으로 정할 수 없다. 그러다 보면 누군가 이야기를 하고 싶을 때에만 대화를 하게 되고 문제를 예방하거나 더 이상 커지기 전에 해결하기에는 너무 늦기 마련이다.

이와 같은 상황을 피하기 위한 유일한 방법은 바로 '당신'이 정기적으로 모든 상사와 1대1 면담을 하면서 관리를 위한 대화를 나누는 습관을 들이는 것이다. 여기에서 가장 어려운 부분은 실제 생활에 젖어들 수 있도록 습관화하는 부분이다. 새로운 행동은 아무리 좋은 것이라고 해도 습관이 되기 전까지는 항상 불편을 주기 때문이다. 당신뿐 아니라 당신이 더 면밀하게 관리해야 할 상사들 또한 새로운 행동을 익히려면 시간이 걸릴 수밖에 없다.

효과적인 상사관리 습관을 익힌 다음에는 예상치 못했던 문제들을 관리해야 한다. 이 문제들은 피할 수 있는 것들이 아니다. 상사들을 관리하다 보면 어려운 도전과제들을 너무나 많이 만나게 되지만 상사들과의 업무관계가 좋다면 이러한 과제들은 무리 없이 해결할 수 있을 것이다.

자, 이제는 당신이 주도권을 쥘 차례다. 정기적으로 상사들과 1대1 관리 면담을 하기 위한 스케줄을 짜보자.

# 언제, 얼마나 자주,
# 얼마 동안 관리해야 할까?

상사를 얼마나 자주 만나야 하는지의 문제는 상사와 함께 하는 일의 성격에 따라 다르며, 관리자의 스타일이나 선호도에 따라 달라지기도 한다.

이상적인 세상에서는 아마도 매일 모든 상사와 이야기할 수 있는 시간이 주어질 것이다. 상사와 함께 당신의 업무에 대해 검토하고, 매일 성공적으로 보내는 계획을 세울 수도 있을 것이다. 물론 현실 세계에서도 어떤 상사는 부하직원이 자신에게 더 많은 관심을 가져주기를 바라기도 한다. 하지만 매일 모든 상사와 이야기를 할 수 있는 것은 아니며, 사실 이것은 모든 상황에 적용되는 이상적인 것이 아닐 수도 있다.

실제로 모든 상황은 다를 수밖에 없다. 하지만 우리가 현재보다 각 상사들과의 1대1 면담을 더 많이 해야 하는 것은 분명한 사실이다. 특히 당신이 다음과 같은 상황에 있다면 더 많은 면담 시간을 가져야 한다.

- 처음 같이 일해보는 상사를 만났을 때
- 새로운 프로젝트를 시작할 때
- 중대한 이해관계가 관련된 프로젝트를 할 때
- 불확실성이 높은 프로젝트를 할 때

앞으로도 절대 하지 말아야 할 일은 쓸데없이 상사를 자주 만나거나 면담 시간을 제대로 사용하지 못해서 상사의 시간을 낭비하는 것이다. 상사를 관리하기 위한 대화를 할 때에는 간단하고 솔직하게, 핵심적인 부분만을 다루어야 한다. 정기적으로 1대1 대화를 하는 한 이야기가 쓸데없이 길어지거나 혼란스러워질 가능성은 별로 없다.

미리 준비를 많이 해서 면담 때 대화가 원활하게 진행될 수 있도록 하자. 일단 각 상사와 면담 체계가 잡히면 주 1회나 격주 1회당 15분 정도만 투자하면 된다. 시간을 들여 연습을 해보면 각 상사당 어느 정도의 면담 시간이 필요한지 파악하게 될 것이다.

특정 과제가 제대로 진행되지 않고 있다면 당분간은 상사와 매일 면담을 하는 것이 좋다. 그렇다고 해서 몇 시간 동안 눈물을 쏙 빼는 질문 공세나 고발, 고백을 해대는 실수는 하지 말아야 한다. 면담은 되도록 짧고 일관된 분위기에서 이루어지는 것이 바람직하다. 상사로부터 충분한 지도와 방향 제시, 지원을 받지 못하면 일이 제대로 진행되지 않을 가능성이 많지만, 현재 하고 있는 일에 대해 상사와 더 많은 이야기를 나눌 수 있다면 문제의 99%는 해결될 가능성이 높다.

만약 일이 정말 잘 진행되고 있다면 상사와 매일 15분씩 만나는 것이 좋을까, 아니면 주 1회 만나는 것이 좋을까? 이 경우에는 격주 1회 정도 만나는 것이 좋다. 중요한 것은 아무리 일이 잘 진행되고 있더라도 정기적으로 시간을 내서 상사와 면담하는 것을 잊어버리지는 말아야 한다는 것이다. 그렇지 않으면 실제 당신이 생각하는 만큼 일이 잘 진행되고 있는지의 여부를 제대로 파악하지 못할 수도 있다.

'아무 문제 없음' 이라는 신호는 당신의 화면뿐 아니라 상사의 화면에도 나타나는 것이 좋다. 따라서 15분 정도의 작은 시간을 들여서 상사와 면담을 하게 되면 당신이 생각한 대로 일을 잘 진행할 수 있다. 일을 더 잘 해낼 수 있는 방법에 대해 상사와 머리를 맞대고 논의해볼 수 있기 때문이다.

15분이라는 시간 동안 얼마나 많은 일을 할 수 있는지 알면 당신은 굉장히 놀랄 것이다. 한번 시험해보라. 이제까지 구체적인 이야기를 해보지 않았던 상사를 한 명 선택하고, 15분 동안 당신의 세부 업무에 대해 구체적인 질문을 해보는 것이다. 아마 깜짝 놀랄 것이다. 그리고 이런 대화의 기회를 갖게 된 것을 정말 다행이라고 생각하며, 다른 상사와의 면담 스케줄을 잡기 위해 바로 수화기를 들 거라고 확신한다.

각 상사를 만날 때에는 어떤 날, 어느 시간에 하는 것이 가장 좋을지를 반드시 고려해야 한다. 어떤 상사는 정기적 미팅을 고정된 날짜와 시간에 하는 것을 선호할 수 있다. 하지만 상사의 업무 스케줄이 원래 불규칙하다면 각 미팅이 끝날 때마다 다음 시간을 계획하는 것이 가장 효과적일 수도 있다.

상사와 얼마나 자주, 얼마나 오랫동안, 그리고 언제 만날 것인지를 정하는 문제는 매우 유동적이다. 현재의 상황이 어떤지를 잘 파악해보고 유연하게 움직여라. 어쨌든 손 놓고 앉아서 대충대충 관리당하겠다는 생각은 버리기 바란다.

# 1대1 면담에서는
# 어떤 이야기를 해야 할까?

● ● ●

1대1 면담의 기본적인 목표는 당신이 현재 하고 있는 일에 대해 상사와 이야기를 나누는 것이다. 시간이 지날수록 당신과 상사는 서로에 대해 더 많은 것을 알게 되며, 그 지식을 기반으로 하여 상사는 당신을 더 많이 지원해줄 수 있다. 그런데 면담을 할 때 보면 많은 사람들이 단순하게 일이 '잘 진행되고 있는지', '잘 진행되고 있지 않은지', '그냥저냥 괜찮은지' 정도만 이야기한다. 상사와 1대1 면담을 할 때에는 다음의 네 가지 기본 사항들에 대해 이야기를 하면 좋다.

■ 당신에게 기대되고 있는 것

- 그 기대를 충족시키기 위해 필요한 자원들

- 성과에 대한 솔직한 피드백

- 필요한 경우 업무진행 과정의 수정 및 보완에 대한 지원

- 열심히 일했을 때 받을 수 있는 인정과 보상


당신은 각 상사와의 1대1 면담에서 어떤 것에 초점을 맞추고 논의를 할지 결정을 해야 한다. 면담을 하기 전에 스스로에게 다음과 같은 질문들을 해보라. '아직 발견 못한 문제점들이 있는가?' '해결해야 할 고민거리가 있는가?' '필요한 자원들이 있는가?' '명확하게 파악하지 못한 지시사항이나 목표가 있는가?' '지난번 미팅 이후에 생겼던 일 중에서 상사가 알아야 할 것이 있는가?' '상사의 대답을 들어야 할 질문이 있는가?'

적어도 1대1 면담에서 당신은 상사에게서 자신의 발전에 대한 피드백을 받을 수 있어야 한다. 기회가 있을 때마다 상사로부터 자극을 받아라. 그리고 그 자극에 대해 깊이 생각해보라. 항상 상사와 함께 전략을 짜야 한다. 상사로부터 조언과 지원을 받고 동기부여 수준도 높여라. 그리고 가끔씩은 영감도 받기를 바란다.

# 팀 회의는 1대1 면담의 대체물이 될 수 없다

<br>

어떤 관리자는 1대1 면담보다는 팀 회의를 더 선호하기도 하는데, 팀 회의는 정기적인 개인 면담의 대체물이 될 수 없다는 점을 명심해야 한다. 상사를 직접 만나 얼굴을 마주하고, 기대사항을 명료화하고, 자신의 성과를 설명하고, 솔직하고 건설적인 피드백을 요구한다면 당신이나 상사가 숨을 수 있는 곳은 없다. 하지만 팀 미팅에서는 둘 다 숨을 곳도 많고, 도망칠 방법도 많다.

　물론 상사 입장에서는 조직 구성원들을 한 명씩 만나 이야기를 하기보다는 전체 팀을 만났을 때 어려운 소식이나 피드백을 전하기가 더 편할 수 있다. 문제는 어려운 소식이나 피드백은 대개 한두 명의 구성원들과만 관계가 있다는 데 있다. 만약 안 좋은 소리를 들어야 하는 대상이 당신이라면 이러한 대화는 개인적으로 하는 것이 더 좋지 않겠는가? 또한 비판받아야 하는 사람이 당신이 아니라 해도 상사와 다른 동료 간에 이루어져야 할 대화를 듣고 앉아 있기에 당신은 할 일이 너무 많지 않은가?

아마 듣고 싶은 자그마한 정보를 한 가지 듣기 위해 하염없이 몇 시간 동안 팀 회의에 앉아 있었던 기억이 있을 것이다. '중요한 이야기를 해야 하는데 언제 말을 할 수 있을까? 내가 했던 질문에 대해서는 도대체 언제 답을 들을 수 있는 거야? 저놈의 상사는 언제쯤 나한테 방향 제시를 해줄까?' 이런 생각을 하면서 지루한 회의에서 하품을 참고 있었던 기억도 있었을 것이다. 현실적으로 당신과 상사의 생각을 조율하고, 더욱 의미 있는 방향으로 일을 진행할 수 있는 방법을 팀 회의에서 찾기란 생각보다 힘든 일이다. 어쩌면 팀 회의를 활용해서 얻을 수 있는 최선의 결과는 회의가 끝난 후 상사에게 요청해서 1대1 면담을 하는 것일 수도 있다.

팀 회의에는 다른 목표가 있다. 팀 회의는 전체 구성원들과 정보를 공유하고, 각자 다른 일을 하는 사람들이 모여 동료들이 무엇을 하는지 이해하고, 각자의 프로젝트에서 어떤 이슈들이 제기되는지를 논의하는 데 유용하다. 일상생활에서는 당연히 팀 회의에 많이 참여하게 될 것이다. 어떻게 하면 그러한 팀 회의의 기회를 잘 활용할 수 있을까?

팀 회의나 프레젠테이션에 참가하기 전에 해야 할 일은 그 모임이 어떤 주제로 열리는지, 당신이 꼭 참석해야 하는지 확인하는 것이다. 그 회의에서 당신이 맡아야 하는 역할이 있는지 검토해보고 어떤 자료를 가지고 가야 하는지, 어떤 주제에 대해 이야기해야 하는지 생각해보라. 그리고 회의 전에 읽어야 할 자료가 있는지, 회의 전에 누군가와 이야기를 해야 하는지 미리 준비하는 것도 좋다. 당신이 프레젠테이션을 하는 것이라면 더 많은 준비가 필요할 것이다. 당신이 그 회의에 참석한 사람들에게 어떤 것을 줄 수 있는지에 대해서도 자문해보라. 당신이 그 회의의 핵심 인물이 아니라면 최대한 말을 줄이면서 좋은 회의 태도를 유지해야 할 것이다. 이야기하고 싶은 것이 있다면 모든 사람이 당신의 의견을 지금 여기서 들을 필요가 있는지 점검해봐야 한다. 또한 질문하고 싶은 것이 있다면 나중에 다시 물어볼 수 있을지 한번 생각해보자. 실제 현실에서 어떤 회의는 완전 시간 낭비인 경우가 있다. 그러니까 생각 없이 한마디를 던져서 쓸데없이 회의 시간을 늘리는 일은 하지 말자.

더 중요한 것은 절대 오해하면 안 된다는 것이다. 팀 회의에서 당신이 얻을 수 있는 상사의 시간이 얼마든지 간에 팀 회의는 1대1 면담의 대체물이 될 수 없다. 그만큼 1대1 면담의 중요성은 매우 크다.

# 상사가 1대1 면담을 할
# 시간이 없다고 한다면?

● ● ●

어떤 상사는 자신이 너무나 바빠서 부하직원과 1대1 면담을 할 시간이 없다고 생각한다. 또 어떤 상사는, 1대1 면담은 아무짝에도 쓸모없기 때문에 하지 않을 거라고 선언하기도 한다.

만약 당신의 상사가 그런 사람이라면 적극적인 자세로 1대1 면담이 꼭 필요하다는 확신을 주어야 한다. 상사가 끝까지 1대1 면담을 거부한다 해도 당신을 개인적으로 미워해서 그러는 것은 아니라는 것을 꼭 기억하기 바란다. 그것은 그 사람의 업무 스타일일 뿐이다.

당신이 상사와 정기적으로 1대1 면담을 하지 않는다면 당신의 업무는 다음과 같이 될 가능성이 높다.

- 불필요한 문제가 생길 수 있다.
- 손쉽게 해결될 수 있는 사소한 문제가 더 큰 문제로 발전할 가능성이 있다.
- 자원이 효율적으로 활용되지 못하고 낭비될 가능성이 높다.
- 생산성과 품질이 낮아질 수 있고, 사기도 떨어질 수 있다.

상사들이 개인 사무실에 숨어서 부하직원과 1대1 면담을 하지 않으려 한다면 일상적인 관리체계에 빈틈이 만들어지기 마련이다. 이런 경우 상사 외에 비공식적인 리더가 생기기 쉽다. 대개 이런 사람은 동료들과 개인적으로 사이가 좋은 사람이며, 자신의 이익을 위해 권력을 남용하다가 팀 전체를 망쳐버리는 떠버리인 경우가 많다. 이러한 떠버리는 파벌을 형성하고, 마음에 안드는 동료들을 따돌리기도 하며, 근거 없는 뜬소문들을 흘려댄다. 사실 이 사람은 스스로에게 '나는 고성과자'라고 자기최면을 걸고 있는 평범한 인간일 뿐이다. 그는 동료들을 지도하고 방향을 제시해주며 지원을 하지만 문제는 잘못된 방향으로 이끈다는 것이다. 상사가 남겨놓은 권력의 진공 상태를 떠버리들이 채우고 있는 상황이라면 더욱더 상사를 설득해서 당신을 옳은 방향으로 이끌어주도록 애써야 한다.

당신은 상사에게 '이런 식으로 계속한다면 부하직원들의 업무를 관리하는 데 결국 엄청나게 많은 시간을 써야 할 것'이라는 사실을 알려줄 필요가 있다. 업무진행 과정 초기에 이런 이야기를 하지 않으면 쉽게 피해가거나 해결될 수 있었던 사소한 문제들이 점점 더 커져서 개입을 하기에 너무 늦어버릴 수 있기 때문이다. 상사와의 1대1 면담을 효과적으로 활용한다면 상사도 당신과 시간을 보내는 것이 가치 있다고 느끼게 될 것이다.

당신이 아무리 잘 설득하더라도 어떤 상사는 꼼짝 않고 버티고 앉아서 1대1 면담을 할 시간이 없다고 고집을 부리기도 한다. 물론 당신의 상사에게는 직속부하들이 너무 많기 때문에 일일이 정기적으로 만나서 1대1 면담을 할 수가 없다고 느낄 수도 있다. 아니면 업무 스케줄이 너무나 불규칙해서 미팅 시간을 잡아봤자 의미가 없다고 생각할 수도 있다. 이러한 상사는 아마 이렇게 말할 것이다. "나하고 1대1 면담을 하고 싶으면 내가 한가할 때를 잘 봐서 이야기해." 이런 경우 어떻게 하면 좋을까?

환자들이 북적거리는 병원에서 근무하는 한 간호사가 효과적으로 상사를 관리하는 기법을 알려주었다. 이렇게 하면 정신없이 바쁜 상사의 관심을 끌 수 있다는 것이다. 어떻게? 스토킹! 그녀는 이런 이야기를 해주었다. "제가 모시는 상사에게 직접 보고하는 사람들은 간호사, 엔지니어, 조무사 등 모두 43명이나 돼요. 다른 지역에 있는 병원 지사까지 관리하느라 정말 바쁘시죠. 그래서 그분의 관심을 끌기는 정말 힘든 일이에요."

그렇다면 이 간호사는 어떻게 상사의 관심을 끌게 되었을까?

"저는 상사의 스케줄과 업무 절차를 하나도 빠짐없이 파악했어요. 어느 문으로, 언제 들어오는지 알고 있었고요. 상사가 라커룸에 들어오는 경로, 커피를 마시러 가는 카페테리아, 다이어트 콜라 두 병을 한꺼번에 뽑는 자동판매기도 어디에 있는지 알았지요. 그래서 조금이라도 상사에게 짬이 날 때에는 항상 제가 그 자리에 기다리고 서 있을 수 있었어요. 상사가 라커룸에 있을 때에는 그녀가 말을 거는 것을 싫어한다는 사실도 알게 되었지요. 하지만 다른 시간대에, 다른 장소에서는 5분에서 7분 정도의 시간은 내주더라고요. 물론 제가 바라는 수준에는 미치지 못하지요. 하지만 아침에 커피를 사러 갈 때, 오후에 다이어트 콜라를 사러 갈 때에는 정기적으로 이야기를 할 수 있게 되었어요. 저는 그 시간대가 되기 전에 미리 이야기할 주제와 질문들을 준비하곤 했어요. 펜과 노트를 가지고 있다가 기록도 했고요."

간호사와 상사가 같은 근무 당번이 아닐 때에는 어떻게 했을까? "어떤 때에는 제가 퇴근할 때 상사가 출근하기도 했어요. 그럴 때에는 제가 기다렸다가 출근길에 말을 걸었지요. 상사가 제 근무 당번 이전에 근무를 했을 때에는 대화를 할 만한 적절한 시간대와 장소를 찾기가 좀 힘들더라고요. 그래서 지금 좀 더 관찰해보고 있어요. 상사가 퇴근할 때 어떻게 하면 관심을 끌 수 있을까 하고요."

우리는 이 간호사의 사례에서 다음과 같은 것들을 배울 수 있다.

- 때때로 당신이 할 수 있는 최선의 방법은 계획에 없는 1대1 면담 기회를 잡는 것일 수 있다.
- 기회를 잘 잡는다면 추후 정기적인 미팅 계획을 잡을 수 있다.
- 상사의 정기적인 스케줄에 관심을 갖자.
- 상사가 즉흥적인 미팅 요청을 받아들일 만한 장소와 시간대를 파악하라.
- 갑자기 생길 수도 있는 1대1 면담 기회를 위해 미리 준비해두자.
- 미팅을 할 때에는 집중해서 짧은 시간 내에 끝내도록 하자.

# 상사와 서로
# 다른 지역에 근무한다면?

● ● ●

어떤 상사는 물리적으로 더 만나기 힘들 수도 있다. 당신이나 상사가 재택근무를 하는 경우나 다른 지역에서 근무하는 경우, 다른 나라에서 일을 하는 경우다. 정말 심지 굳은 부하직원 중에는 다른 지역에서 근무하는 상사와 대화하기 위해 15분마다 전화를 해서 결국 답변을 받아낸 적 있다는 이야기도 들었다. 문자도 보내고, 팩스도 보내고, 페이스북의 알림 기능을 이용한다는 사람도 있었다. 심지어 1대1 면담을 하기 위해 상사가 근무하는 사무실에 예고 없이 불쑥 들이닥친다는 부하직원도 있었다. 자, 다시 한 번 이 책을 읽고 있는 당신만 이런 어려운 상황에 처한 것이 아니기를 희망한다.

만약 상사가 다른 곳에 근무하고 있다면 가장 최적의 상황을 연출하기 위해 필요성을 느낄 때마다 1대1 면담을 할 수 있는 체계를 만드는 것이 좋다. 다음 사례들을 참고해보기 바란다.

- 당신과 상사가 본사에 들어가는 날이 언제인지 서로에게 스케줄을 알려주어서 1대1 면담 시간을 잡을 수 있도록 한다.
- 당신이 상사의 사무실을 방문할 때, 혹은 상사가 당신의 사무실을 방문할 때마다 1대1 면담을 계획한다.
- 웹캠(web-cams)을 활용해 정기적인 1대1 면담을 한다.

상사를 직접 만나기가 너무 어렵고 웹캠을 사용하기도 마땅치 않다면 정기적으로 전화나 인스턴트 메시지(사용자가 메신저 서버에 접속해 있을 때 착신 메시지를 컴퓨터 화면에 표시해 메시지를 받은 사용자가 바로 반송할 수 있는 서비스), 이메일을 통해 1대1 대화를 하는 것도 좋다. 요즘 정말 많은 사람들이 전화나 이메일로 대화를 하고 있지만, 정작 상사와 정기적으로 1대1 대화를 하는 경우는 적기 때문에 가끔씩 상사와 이야기를 해야 할 때에는 대화가 제대로 이루어지지 않고, 해야 할 말을 다 못하기 십상이다. 전화나 이메일을 활용해 상사와 정기적으로 커뮤니케이션을 할 때 기억해야 할 것들이 몇 가지 있다.

- 정기적인 1대1 전화 면담을 계획했다면 무슨 일이 있어도 그 약속은 반드시 지켜야 한다.

- 1대1 전화 면담을 하기 전에는 꼭 미리 준비하는 시간을 갖는 것이 좋다. 지난번의 미팅 이후 당신이 해온 일에 대해 보고하는 메일을 미리 보내라(업무를 진행하기 위해 밟았던 단계들, 업무에 대해 갖게 된 의문점들, 도움을 청하고 싶은 이슈들). 그런 다음에는 다음 단계에 대한 당신의 계획을 요약하라(당신이 생각하고 있는 업무단계들, 앞으로 해야 할 일에 대해 질문하고 싶은 것들).

- 전화 면담을 하기 전에 상사에게 이메일에 대한 답장을 해달라고 요청하라. 그러면 면담 시간에는 해당 이슈에 대해 좀 더 깊은 이야기를 할 수도 있고, 또 다른 문제에 대해 논의할 수도 있다.

- 약속된 시간보다 1시간 전이나 30분 전쯤 상사에게 이메일이나 문자 메시지를 보내 면담 시간을 잊지 않도록 한다.

- 전화 면담이 끝난 즉시 미팅에서 합의했던 내용들을 정리해서 상사에게 이메일을 보내라. 당신이 해야 할 활동들, 업무 단계들, 다음 전화 면담의 날짜와 시간, 다음 면담 전에 논의할 주제들을 보내겠다는 약속까지 하라.

때때로 내가 세미나에서 이와 같은 사항들에 대해 이야기하면 누군가 손을 번쩍 들고 이런 질문을 하곤 한다. "제 상사의 사무실은 제가 일하는 곳 바로 복도 건너편에 있어요. 하지만 우리는 거의 전화와 이메일로만 이야기를 하죠. 어떻게 하면 좋을까요?" 가끔씩이라도 직접 얼굴을 맞대고 이야기를 하는 것이 전화나 이메일로만 대화를 하는 것보다 훨씬 더 효과적이다. 다른 지역에 근무하는 상사와 부하직원들도 마찬가지다. 따라서 위와 같은 상황에서는 가끔씩 복도 저편으로 가서 얼굴을 보고 이야기 해보려고 노력하는 것이 좋다. 상사의 사무실 문을 빼꼼히 열고 머리만 들이민 다음에 물어보는 것이다. "방금 이메일 보내드렸는데 받으셨는지요?"

물론 전화와 이메일로 이루어지는 커뮤니케이션 또한 아예 없는 것보다는 낫다. 몇 가지 장점도 있다. 이메일을 통해 커뮤니케이션을 하게 되면 기록이 남는다. 이메일 내용들을 저장하면 업무에 대해 상사와 나누었던 대화들이 기록되는 것이다. 이메일이 잘 조직화되어 있고 세부적인 내용을 담고 있다면 그 자료를 활용해서 업무계획, 스케줄, 세부 작업내역, 체크리스트 등 업무에 도움이 되는 도구들을 만들 수 있다.

혹시 모든 전략들을 다 시도해봤는데도 상사가 전혀 1대1 면담 시간을 내주지 않는다면 그 사람은 무늬만 상사일 뿐이다. 그러한 상사는 자신의 의무에 대해 전혀 신경을 쓰지 않는 태만한 사람이므로 이 경우 당신에게 남은 방법은 다음의 세 가지뿐이다.

- 현재 회사 내에서 새로운 상사나 업무를 찾아보거나, 아니면 회사를 그만둬라.

- 근무 자세가 태만한 상사를 대신해줄 만한 사람을 찾아라. 같은 팀에 속해 있으면서 당신보다 좀 더 많은 경험과 스킬, 지식을 갖고 있는 사람, 또는 당신보다 더 많은 권한과 영향력을 가지고 있는 사람이 좋다. 그를 사실상의 상사로 대접하라. 그 사람과 정기적인 1대1 면담 스케줄을 잡고 업무보고도 진행하라. 그 사람이 당신에게 어떤 기대를 하고 있는지 명확히 파악하고 지원과 지도를 얻어내라. 실제 현장에서 사실상의 상사들이 근무 자세가 태만한 상사에게 버림받은 훌륭한 인재들과 얼마나 좋은 관계를 맺고 있는지를 알면 아마 누구나 깜짝 놀랄 것이다.

- 자, 지금은 죽든 살든 당신이 알아서 해야 할 때다. 당신이 업무 진행 과정에서 노력하는 바를 모두 기록에 남기고, 상사와 대화하기 위해 노력해라. 매일매일의 업무와 세부적인 계획에 대해 기록하라. 그리고 업무진행 과정에 대해 모니터링하고, 정기적으로 성과에 대해 근무 자세가 태만한 상사에게 보고하는 것이다. 즉, 근무 자세가 태만한 상사가 결국은 1대1 미팅 시간을 잡아야겠다는 생각을 갖도록 자주 보고하고 얼굴을 보여주는 것이 좋다. 그 외에 또 뭘 할 수 있겠는가?

# 상사가 당신에게 지나치게 신경을 많이 쓴다면?

●
●
●

지금까지는 상사와 1대1로 만나는 시간을 많이 가질 수 없을 때 생기는 문제점에 주로 초점을 맞춰왔다. 그렇다면 반대로 상사가 당신과 지나치게 많은 시간을 함께 보내려고 한다면 어떨까?

당신과 지나치게 많은 시간을 보내고 싶어 하는 상사들 중 일부는 그저 한 명의 '얼간이'일 수도 있다(자세한 내용은 9장 참조). 하지만 대부분의 경우 이런 상사들은 얼간이가 아니다. 다른 방법을 잘 모르고 있을 뿐이다. 나는 종종 자신과 많은 시간 동안 수다를 떨고 싶어 하는 상사나 부하직원의 가장 친한 친구/상담자/멘토가 되고 싶어 하는(또는 당신이 자신의 멘토나 상담자가 되어주기를 바라는) 상사에 대해 이야기하는 사람들을 만난다. 그런 상사들을 만났을 때 대처하는 방법은 다음과 같다.

- 주로 업무에 대해 이야기하라.
- 업무 외의 주제에 대한 이야기가 시작되면 더 이상 말을 하지 마라.
- 업무 외의 일을 주제로 대화하는 중에 잠깐이라도 침묵이 흐르면 다시 업무에 대한 주제로 화제를 돌려라.
- 상사가 업무 외의 이야기를 하기 시작하면 바로 무엇인가를 쓰기 시작하라.

이러한 시도를 하는데도 문제가 지속되면 이런 말을 슬쩍 덧붙여보라. "와, 진짜 바빠 죽겠어요, 부장님. 해야 할 일이 왜 이렇게 많죠?"

상사가 정기적으로 1대1 면담을 해주기는 하는데 하염없이 일과 관련 없는 이야기를 하면서 시간을 질질 끌려고 한다면 지난 미팅 이후부터 진행해온 업무에 초점을 맞출 수 있도록 자료를 만들어가고, 다음 미팅 때까지 진행할 업무에 대해 이야기를 할 수 있도록 대화를 주도해야 한다. 그리고 1대1 면담을 효과적으로 끝낼 수 있는 전략을 마련하는 것이 좋다. 이런 방법을 한번 써보라. 면담이 끝날 즈음 면담을 하는 동안 적은 노트를 상사에게 보여주면서 이렇게 말을 하는 것이다. "부장님, 앞으로는 이렇게 진행할 예정입니다." 그러고 나서 다음 면담을 위한 일정과 장소를 정하라.

당신을 너무 자주 만나고 싶어 하는 상사가 있다면 배정된 업무들을 신속하게 잘 마무리해서 상사와 신뢰관계를 맺을 수 있도록 하자. 초반에는 상사가 요구하는 만큼 자주 미팅을 가져라. 각 미팅 시간에는 목표를 명확히 하고, 다음 미팅까지 그 목표를 달성해올 것을 약속하라. 그런 다음 열심히 뛰어라! 합의된 목표를 기록에 남기고 지속적으로 모니터링하고 성과를 측정하라. 당신의 성과 또한 꾸준히 기록해야 한다. 목표와 마감일을 명시해서 장기적인 계획도 세워라. 이러한 진행 과정을 상사에게 정기적으로 보고하는 것도 잊지 마라. 그렇게 하다 보면 분명히 당신과 상사가 만나는 횟수는 자연스럽게 줄어들 것이다.

상사가 지나치게 면밀히 관리할 때의 좋은 점 한 가지는 당신이 하는 일을 신속하게 알려줄 수 있다는 것이다. 관리자가 매우 가까운 거리에서 당신이 일을 배우고 성장해나가는 것을 관찰하다 보면 대부분 일정 시간이 지난 후 뒤로 물러서게 된다. 그때에는 그렇게 한다 해도 당신이 해야 할 일은 상사가 진정한 권한 위임을 경험할 수 있도록 돕는 것이다. 상사로 하여금 (아무리 좁은 범위라도) 당신이 혼자 결정할 수 있는 권한의 범위를 정의해주고, 각 과제의 목표와 가이드라인, 스케줄을 명확하게 설명해주도록 하자.

간단하게 정리해보면 다음과 같다. 짧은 기간 내에 소규모의 프로젝트를 잘 마무리하면 대부분의 상사들은 더 큰 프로젝트를 맡겨준다. 시간이 가면서 당신의 능력을 더욱 강하게 확신시켜주면 상사는 당연히 더 큰 규모의 핵심적인 일을 배정할 것이다. 그러다가 혼자 해결할 수 없는 수준의 일을 맡게 되면 1대1 면담에서 현재의 업무를 점검하고 개선할 수 있는 방법에 대해 중점적으로 논의하라. 점점 경험이 쌓이면서 당신은 더 크고 복잡한 프로젝트를 다룰 수 있을 만한 역량을 쌓게 될 것이고, 상사는 뒤로 한 발짝 물러나는 법을 배울 것이다.

당신이 바쁘다는 것은 나도 너무나 잘 알고 있다. 당신의 상사 또한 눈코 뜰 새 없이 바쁠 것이다. 충분한 시간을 갖고 사는 사람은 이 세상에 아무도 없다. 즉, 그 언제가 되어도 당신이 여유 있게 상사를 관리할 시간을 낼 수는 없다. 따라서 매일매일 바쁜 일상에서도 틈틈이 상사를 관리하는 습관을 들여야 한다. 그 노력에 대한 보상은 머지않아 돌아올 것이다.

PART
4

# 매일 한 명의
## 상사를 선택해
## 관리하자

고객도, 거래처도 모두 당신의 상사다 · 모든 상사와 정기적으로 생산적인 대화를
하라 · 각각의 상사에게 적합한 접근법을 활용하라 · 상사와 우선순위가 충돌할
때 협상하는 방법

# 고객도, 거래처도
# 모두 당신의 상사다

●
●
●

조직에서는 일을 할 때 지시를 하는 사람이 너무 많아서 때로는 진짜 '상사'가 누구인지 모르겠다고 불평하는 사람을 쉽게 만날 수 있다. 사실 고객과 거래처도 당신의 상사다. 다른 부서의 동료들에게서 무엇을 얻어내야 한다면 그들 또한 당신의 상사라 말할 수 있다('내부고객'이라고 한다). 또 일상적으로 대화를 하지 않더라도 상사임이 분명한 거물들도 있다. 상사의 상사들, 다른 부서의 상사들 말이다. 궁극적으로 당신은 이 모든 상사들에게 모두 보고를 해야 한다.

조직생활을 하면서 구성원 간의 관계를 고객과의 관계처럼 생각하고 행동하면 도움이 많이 된다. 당연히 고객을 대할 때 상사에게 하듯이 하면 더 좋을 것이다.

결국 조직의 업무는 상호적인 관계의 연속이다. 당신은 시간과 노력을 들여 일을 하고, 그 대가로 조직으로부터 월급을 받으며, 휴가나 유연한 스케줄 등의 보상도 받는다. 일상적인 업무를 잘해내려면 업무와 관련된 사람들의 요구를 잘 들어주려 노력해야 한다. 이 과정에서 어쩔 수 없이 다양한 니즈, 기대, 요구들 간의 갈등이 생기기 마련이다. 당신은 여러 명의 상사들로부터 너무나 많은 업무들을 지시받고 있기 때문에 그들이 요구하는 다양한 업무기준들을 명확히 이해하는 자세가 필요하다. 그렇게 되면 당신의 삶을 균형 있게 꾸려나갈 수 있게 될 것이다.

당신이 안정적이고 명료하며 질서 있게 업무보고체계를 잘 운영하는 사람이라면 자신이 관리해야 할 상사들을 이미 명확히 파악하고 있을 것이다. 상사 A와는 A프로젝트에 대해, 상사 B와는 B과제에 대해, 상사 C와는 C과제에 대해 의사소통을 해야 한다는 것을 말이다. 또한 각 상사에 대해 달성해야 할 업무기준을 수립하고, 협업에 대한 업무체계를 구축해야 하며, 1대1 면담에 대한 스케줄을 짜야 한다는 것도 잘 파악하고 있을 것이다.

물론 드문 경우이긴 하지만, 현재 하고 있는 모든 프로젝트와 과제들을 한 상사에게만 보고해야 하는 경우도 있다. 만약 당신이 그런 경우에 해당한다면 축하한다! 대부분의 사람들이 직장에서 경험하는 좌절스러운 상황들을 많이 겪지 않아도 될 테니

말이다. 하지만 모든 관계는 역동적이며 변화무쌍하다는 것을
기억하는 것이 좋다. 유일한 상사와 관계가 매우 좋다 하더라도
더 중요한 것은 그 관계를 잘 유지하고 바람직한 방향으로 성장
시키는 것이기 때문이다.

어쨌든 당신이 보고해야 할 상사가 얼마나 많든 간에 당신의 목
표는 각각의 상사와 긴밀한 관계를 유지하는 것이 되어야 한다.

# 모든 상사와 정기적으로
# 생산적인 대화를 하라

●
●
●

모든 상사는 부하직원들을 관리하는 데 있어서 다양한 스타일과 선호도, 습관들을 가지고 있기 때문에 그들과 좋은 관계를 유지하기 위한 최적의 방법은 기본적인 규칙을 정하는 것이다. 관계를 구축하는 초기 단계에는 당신과 상사가 함께 어떤 식으로 일을 할 것인지 전체적인 계획을 짜는 것이 좋다. 조직의 정책상 업무 프로세스에 필요한 단계들을 규정해놓았을 수도 있다. 당신이 어떤 과제나 프로젝트를 수행하든 간에 그런 정책을 어디서, 언제, 어떻게 지켜나가야 할지를 명확히 정하라. 그리고 합의된 역할과 업무진행 과정을 책임지고 준수하는 모습을 보여주어야 한다.

상사와 함께 일하는 데 있어서 더 큰 목표에 대해 논의할 필요도 있다. 가령 생산성과 품질 기준, 기여도 수준, 성과에 대한 측정 방법 등을 논의할 수 있다. 또한 당신에게 기대되는 세부 행동규칙에 대해서도 논의하는 것이 좋다. 근무시간, 태도, 복장, 직장에서 개인적 전화를 해도 되는지 등에 대해 논의해보자.

상사와 관계를 구축하는 초기 단계에 반드시 합의해야 할 점은 서로의 의사소통 방법을 계획하는 것이다. 업무에 대해 지속적으로 1대1 대화를 하기 위한 일정 계획을 수립하고, 각 미팅 때 달성해야 할 목표들, 즉 각 과제에서 달성해야 할 목표, 가이드라인과 기준, 마감일 등을 명료화하라. 새로운 업무를 부여받으면 각 단계마다 가이드라인을 명확하게 하기 위해 항상 구체적인 질문을 하는 습관을 들이는 것이 좋다. 당신과 상사 모두 미팅을 하는 중에는 기록을 하고, 미팅이 끝날 때쯤에는 합의된 내용을 서로 확인해야 한다.

# 각각의 상사에게 적합한
# 접근법을 활용하라

●
●
●

상사들은 모두 나름대로의 독특한 배경, 성격, 스타일, 의사소통 방법, 업무 습관, 동기 수준, 능력과 스킬 수준, 실적을 가지고 있다. 대인관계에 대한 관심도도 모두 다르다. 어떤 상사는 업무의 세부사항까지 일일이 이야기해주기를 좋아하지만, 어떤 상사는 부하직원 스스로 알아서 하기를 바라기도 한다. 각각의 상사와 최적의 업무관계를 구축하려면 각각의 상사가 어떻게 일을 하는지 파악하고, 그에 맞게 접근법을 수정하는 것이 좋다.

그렇다고 해서 상사의 죽 끓는 듯한 변덕을 맞춰주거나, 나쁜 관리 습관도 기꺼이 따라주라는 의미는 아니지만 각각의 상사가 가지고 있는 변덕스러운 성격과 관리 능력의 취약점은 파악해두는 것이 바람직하다. 상사의 특성을 잘 안다는 것은 상사관리를 잘할 수 있는 도구를 하나 더 갖게 되는 셈이기 때문이다. 각각의 상사에게 효과가 있는 것과 효과가 없는 것을 알아내기 위한 유일한 방법은 그들과 1대1 대화를 하는 수밖에 없다. 각각의 상사를 1대1로 만나보면 개인적인 특성이 눈에 띄게 되므로 시간이 지나면서 각각의 상사에 대한 접근법을 조율할 수 있다. 그런 와중에도 지속적으로 자기 자신을 점검해봐야 한다.

- 이 상사는 어떤 사람인가?
- 나는 이 상사를 왜 관리해야 하는가?
- 이 상사와 어떤 이야기를 해야 하는가?
- 이 상사와는 어떻게 의사소통을 하는 것이 좋은가?
- 이 상사와는 어디서 이야기를 하면 좋을까?
- 이 상사와는 언제 대화를 하면 좋을까?

위의 질문들을 잘 활용하면 각각의 상사에 맞게 접근법을 조율하는 데 매우 큰 도움이 될 것이다. 나는 이 과정을 '조율용 렌즈(customizing lens)'라고 부른다. 몇 십만 명의 세미나 참가자들을 대상으로 관리자, 동료, 부하직원들과의 관계를 조율하는 데 이 과정을 활용해본 결과 효과를 확인할 수 있었다. 지속적으로 이 질문들을 묻고 대답하는 습관을 들여 효율적인 관계를 조율하기 바란다.

## 상사는 어떤 사람인가?

상사가 어떤 사람이든 걱정할 필요는 없다. 상사의 깊은 내면에 무엇이 있는지(심리적 상태가 어떤지, 내적인 동기 수준은 어느 정도인지)까지는 몰라도 된다. 사실 그런 시도는 안 하는 게 좋다. 상사의 깊은 내면에 무엇이 있는지는 당신이 신경 쓸 필요 없으며, 대부분의 경우 알아낼 수도 없다. 당신이 파악해야 할 것은 상사가 업무와 관리 면에서 어떤 특성을 가지고 있는가 하는 것이다.

상사의 직급은 무엇이며, 직장 내에서 어떤 평판을 얻고 있는가? 상사가 주로 관리하는 사람들은 누구이며, 다른 동료들과의 관계는 어떠한가? 상사는 매우 높은 직급인가, 아니면 하급 관리자인가? 대부분 혼자 일하는 편인가, 아니면 다양한 프로젝트 팀들에 속해 있는가? 상사의 동료들은 그를 좋아하는 편인가, 아니면 누군가 상사에 대해 비난하는 것을 들어본 적이 있는가? 이러한 정보들은 상사의 시간과 에너지에 대해 파악할 수 있도록 도와주며, 튼튼하고 가치 있는 관계를 맺는 최적의 방법(1대1 대화를 할 수 있는 방법과 시기, 기간)을 찾을 수 있도록 도와준다.

반드시 숙지해야 할 점은 상사의 관리 특성이다. 고집이 센 편인가, 아니면 성격이 무난한 편인가? 차분한 성격인가, 아니면 불안한 편인가? 세부적인 요소들에 관심을 가지는가, 아니면 큰 그림을 그리는 편인가? 머리가 비상한 편인가, 아니면 끈질긴 노력형인가? 주위에서 쉽게 만날 수 있는가, 아니면 잠수를 잘 타는 편인가? 간섭형인가, 위임형인가? 상사가 어떻게 일을 하고 어떻게 관리하는지 파악하면 1대1 대화에서 어떻게 의사소통을 할 것인지 정할 수 있다.

사람들은 종종 상사의 개인적인 삶에 대해 얼마나 알고 있는 것이 좋은지 물어보곤 한다. 그러면 나는 "예의를 갖출 만큼만 알면 된다"고 말한다. 누군가와 오랫동안 함께 일을 하다 보면 그 사람의 개인적 삶에 대해 궁금증이 생길 때가 있다. 가령 연애는 하고 있는지, 아이는 있는지 등이 궁금할 수 있다. 이런 경우 아이는 몇 명이 있는지, 그 아이들은 몇 살인지 정도만 알아두면 된다. 이름까지 기억해준다면 더욱 좋겠지만, 이 정도로도 충분하다. 다만 당신과의 업무관계에 영향을 미칠 수 있는 상사의 개인 생활이 있다면 파악해두는 것이 좋다. 예를 들어 상사에게 갓 태어난 쌍둥이 자녀가 있다면 그가 최고의 생산성을 올릴 수 있는 시간이 언제인지를 파악해야 한다. 대부분의 경우 상사는 잠을 제대로 못 자서 아침 시간에는 매우 지쳐 있을 것이다.

따라서 오전에는 미팅을 잡지 않는 것이 좋다. 또는 반대의 경우도 있다. 새벽 3시에 일어나 아기들을 돌본다면 8시쯤이 점심시간 정도로 느껴져 에너지가 감소하기 전 최적의 시간대일 수도 있다.

사람들은 가끔씩 내게 이런 질문을 한다. "상사와 친해지기 위해서 공통의 취미를 갖는 것이 좋은가요?" 상사가 피트니스센터에 다니는 것을 매우 좋아하는 사람이라면 부하직원인 당신도 지금 바로 달려가 회원권을 끊는 것이 좋을까? 당신이 운동을 하고 싶으면 그것도 나쁘지 않다. 하지만 상사가 어떤 것에 관심을 갖고 있는지는 그것이 당신과의 업무관계에 영향을 미치는 범위 내에서만 상관이 있다. 따라서 당신의 상사가 매일 오후 2시부터 4시까지 사무실을 비운다면 '그 시간대에는 상사가 으레 없구나' 또는 '상사와 미팅을 하기에 가장 적절한 시간은 피트니스센터에서 1km를 뛰고 난 다음 기분이 좋아져서 돌아왔을 때' 라는 것을 파악해두기 바란다.

아마 지금쯤 당신은 이런 생각을 할지도 모른다. '뭐, 쌍둥이 갓난아기가 있거나 피트니스에 미쳐 있는 상사는 특별한 사례이니까 나하고는 별 상관없겠지.' 다시 한 번 강조하지만 모든 상사는 다 특별한 경우에 해당한다. 아직까지 상사의 독특한 점을 아직 찾아내지 못했다면 최대한 빨리 파악하는 것이 좋다.

## 상사를 왜 관리해야 하는가?

이 질문에 대답하기 위해서는 상사를 관리하는 목표를 명확하게 이해하고, 각각의 상사로부터 얻어야 하는 것이 무엇인지 알고 있어야 한다. 스스로에게 다음과 같은 질문을 한번 던져보기 바란다. '상사가 나에게 무엇을 기대하는지 명확히 질문할 필요가 있는가?' '나에게 맡겨진 일이 우리 조직의 전체적인 미션과 어떤 관련이 있는지 좀 더 큰 맥락에서 이해하고 싶은가?' '업무 마감일을 정하기 위해 더 세부적인 스케줄을 알아야 하는가?' '과제를 완료하기 위해 전반적인 작업계획이나 단계적인 지시사항을 얻기 원하는가?' '맡겨진 일을 해내기 위해 필요한 자원들과 내가 활용할 자원들에 대해 더 파악하기를 바라는가?' '나의 업무진행 상황에 대해 피드백을 받기 원하는가?' '내가 열심히 일해서 더 신속하게 프로젝트를 완료한 것에 대해 인정을 받고, 특별 휴가와 같은 보상을 받기를 원하는가?'

어떤 사람들은 이런 말을 하기도 한다. "저도 상사가 있긴 한데 우리는 거의 동등한 파트너로서 일해요." 그 말이 사실이라면 상사를 왜 관리해야 하는가에 대한 답은 명확하다. 당신의 파트너십을 강화하고 개선하기 위해, 상사와의 협력 강도를 높이기 위해, 함께 학습하고 성장하기 위해, 또는 생산성, 업무의 완결성, 혁신성을 높이기 위해 상사를 관리해야 하는 것이다. 또 신선한 방법으로 서로를 자극하기 위해서일 수도 있고, 예전에 혼자 일을 했을 때보다 더 높은 수준의 성공을 거두기 위해서일 수도 있다.

물론 이런 말을 하는 사람들도 있다. "내 상사는 좀 유별나요. 사람들을 싫어하는 것 같아요. 내가 하는 일에 대해서도 별 관심이 없어서 아는 게 없어요. 그러다 보니 저한테 상사가 줄 수 있는 것도 없고, 제가 얻을 수 있는 것도 없다니까요." 이러한 상황에서도 상사와 좋은 업무관계를 유지하는 자세는 반드시 필요하다. 기억하는가? 이 상사는 앞에서 말했던 무늬만 상사인 사람이다. 당신이 보다 적극적으로 상사를 관리하든, 아니면 상사를 대체할 수 있는 사람을 찾든 해야 한다.


## 상사와 어떤 이야기를 해야 하는가?


상사를 왜 관리해야 하는지를 이해하고 나면 "상사와 어떤 이야기를 해야 하는가?"라는 질문에 답을 할 수 있을 것이다.

일단 기본적으로 당신은 모든 상사들과 업무에 대해 이야기를 해야 한다. 어떤 이야기를 할 것인지 정하려면 가까운 미래에 어떤 목표를 달성해야 하는지 먼저 파악하는 것이 좋다. 예를 들어 단기적으로 우선순위에 두어야 할 일을 정하고 싶다면 상사와 함께 작업내역 목록을 검토하라. 전반적인 생산성을 올리려면 매일 해야 할 일들을 점검하고, 더 많은 일을 할 수 있도록 요청해야 한다. 앞으로 일어날 가능성이 있는 문제들을 예측하고 그 해결책에 대해 이야기하기를 원한다면 문제점을 명료화하고 문제의 규모가 아주 작을 때 해결할 수 있는 방법에 대해 논의해야 한다.

정말 우리는 상사를 밀어붙이고, 밀어붙이고, 밀어붙이고, 때로는 속임수라도 써서 당신의 업무에 대해(마감일, 스케줄, 예산 등) 상사가 이야기하도록 만들어야 할까? 상황에 따라 그래야 할 때도 있다. 상사를 만났을 때 스스로에게 이렇게 질문하라. '오늘 상사와 이야기해야 할 것은 무엇인가?'

## 상사와는 어떻게 의사소통을 하는 것이 좋은가?

모든 상사는 독특하기 때문에 각기 다른 방법으로 의사소통을 해야 한다. 어떤 상사는 부하직원이 침착한 목소리로 사실만을 이야기할 때(내가 '감사관 스타일'이라고 부르는 상사) 가장 대답을 잘 해주고, 어떤 상사는 부하직원이 주도적으로 질문을 할 때(내가 '변호사의 반대심문 스타일'이라고 부르는 상사) 대답을 제일 잘 해주기도 한다. 또 어떤 상사는 부하직원이 야단스러울 정도로 열정적인 모습을 보일 때 대답을 제일 잘 하고, 어떤 상사는 부하직원이 걱정을 할 때, 두려워할 때, 긴급한 것 같은 모습을 보일 때 대답을 잘 해준다. 즉, 상사들은 나름대로의 독특한 매너와 의사소통 방법을 가지고 있다. 물론 어떤 상사는 커뮤니케이션을 하는 데 있어서 더 큰 문제를 가지고 있기도 하다.

어느 디자인팀의 엔지니어는 나에게 (일을 배정할 때 절대 명확한 마감일을 주지 않는) 상사에 대해 이런 이야기를 해주었다(이 상사를 지금부터 아담이라고 부르기로 하자). "저나 동료들이 마감해야 할 일이나 스케줄에 대해 질문하면 아담은 으레 대수롭지 않은 듯 똑같이 대답합니다. '이 일은 언제까지 하면 되나요?'라고 질문하면 '당신이 일을 끝내는 대로'라고 대답하고, '이 프로젝트의 스케줄은 어떻게 되나요?'라고 질문하면 '우리가 일을 끝내는 대로 끝내지, 뭐'라고 대답하죠. '이 부분을 완료하는 데 어느 정도 시간을 들이면 될까요?'라고 물어보면 아담은 '최대한 빨리 해'라고 해요. 이건 정말 미칠 노릇이에요." 하지만 엔지니어와 그의 동료들은 이러한 좌절된 환경을 통해 현명한 '상사관리' 해결책을 얻을 수 있게 되었다고 한다.

엔지니어는 그들만의 해결책에 대해 이야기를 해주었다. "우리는 아담에게 가상의 마감기한을 제시해보기로 했어요. 이렇게 말해보는 거죠. '3월 15일까지 마치면 될까요?' 그러면 아담은 이렇게 말해요. '최대한 빨리 해.' 우리는 다시 도전해보죠. '4월

15일도 괜찮을까요?' 아담도 끈질기게 말하죠. '최대한 빨리 하라니까.' 우리도 맞수를 둡니다. '5월 15일?' 결국 아담은 대답하죠. '어, 아니야. 5월 15일은 너무 늦어.' 아하! 이제 좀 감이 잡히는 거죠. 우리는 좀 더 물고 늘어져봅니다. '그러면 5월 1일은 어떠세요?' 이런 식으로 우리는 진짜 마감기한을 알아냅니다. 다른 스케줄이나 시간 배분에 대해서도 똑같은 과정을 거치죠."

## 상사와는 어디서 이야기를 하면 좋을까?

상사의 사무실이든 어디든 간에 미팅 장소는 상사에게 편리한 곳을 선택하는 것이 좋다. 그리고 매번 동일한 곳에서 미팅을 갖는 습관을 들이자. 이제부터 그곳은 당신과 상사의 업무관계가 발전해나갈 물리적인 공간이 될 것이다.

당신이 상사와 같은 지역에서 일하고 있다면 미팅을 할 수 있는 최적의 장소는 회의실이나 카페테리아가 좋다. 상사와 1대1 면담 장소를 고를 때에는 당신의 업무와 업무환경도 고려하는 것이 바람직하다. 회사 사정상 개인 회의실이 별로 없다면 조용한 복도나 계단, 식당 복도나 지하실 등을 활용해보라. 그리고 당신과 상사가 많이 떨어진 지역에서 근무하고 있다면 전화와 이메일을 활용하는 데 필요한 지침서를 만드는 작업이 필요하다(자세한 내용은 3장 참조).

어디에서 미팅을 하든 당신은 반드시 노트와 펜을 가지고 이야기하는 모든 내용을 기록에 남겨야 한다.

## 상사와는 언제 대화를 하면 좋을까?

각각의 상사와 어느 요일, 어느 시간대에 대화를 할 것인지 정해야 할 때 참고할 것은 상사와 당신의 스케줄이다. 예를 들어 당신과 상사가 서로 다른 교대조로 근무하고 있다면 상사를 만나기 위해 조금 일찍 출근하거나 조금 늦게 퇴근해야 할 것이다. 상사나 당신의 스타일 또한 고려해야 할 대상이다. 아침에 일찍 일어나는 것을 어려워하는 상사라면(아니면 당신이 늦게 일어나는 사람이라면) 미팅 시간은 아침 이른 시간보다 점심시간 전 11시쯤이 적당하다. 모든 상사는 각자 독특한 시간 활용 방식을 가지고 있으므로 그 방식에 맞추는 것이 좋다.

상사들이 모두 다르기는 하지만 당신이 지금보다는 더 많이 상사와 이야기해야 한다는 사실은 분명하다. 특히 새로운 업무를 시작할 때에는 더욱 그렇다.

각각의 상사들에 대해 위의 여섯 가지 질문을 지속적으로 활용해보고, 각 상사에 대해 접근법을 조율하다 보면 점차 성장하고 발전할 수 있을 것이다. 꼭 기억할 것은 이 질문들에 대한 답은 시간이 지남에 따라 변화한다는 점이다. 당신의 목표는 각각의 상사들과 효율적인 관계를 맺기 위해 업무를 조율하는 것이다. 그렇게 되면 상사들은 가장 중요한 일이나 핵심적인 프로젝트가 생겼을 때 당신을 찾게 될 것이라 확신한다.

# 상사와 우선순위가 충돌할 때
# 협상하는 방법

●
●
●

각각의 상사와 효율적으로 1대1 대화를 하는 것은 직장에서 안정적이고 명확한 보고체계를 구축하는 것보다 훨씬 더 쉬운 일이다. 하지만 모두가 알고 있듯이 사실상 그러한 직장은 찾기 힘들다. 조직 내에서 어느 정도의 혼돈은 어디서나 발견된다. 당신도 실제로 하는 일과 실제 부여받은 업무 사이에 아무런 관련성이 없어서 혼란스러울 때가 많을 것이다.

매일 나는 조직에서 보고체계와 책임범위를 명료화해보려고 고심하는 사람들의 다양한 이야기를 듣는다. 한 거대 멀티미디어 엔터테인먼트 기업의 수석 생산관리자는 "우리 회사에는 시스템적인 문제가 많아요"라고 이야기했다. 그녀와 이야기를 해본 후에 나는 그녀를 '소령님'이라고 부르게 되었다. 그녀는 이 회사에 근무하기 전에 미 육군(매우 엄격한 명령체계를 가진)에서 오랫동안 복무했기 때문이었다.

그녀는 이런 이야기를 했다. "군대에서 나보다 계급이 높은 사람의 지시는 무조건 따라야 한다고 배웠어요. 어떤 상황에서도 누구에게 보고를 해야 하는지 명확했죠. 누가 내 지휘관인지도 분명했고요. 군대이니까 상사의 명령에는 무조건 복종해야 했습니다. 우리 모두 같은 미션을 가지고 있었지요. 과업을 해결하기 위해 서로를 도와야 했어요." 물론 이렇게 질서정연한 조직에서도 서로 상충하는 요구들을 받긴 했지만, 계급과 미션이 우선순위를 바로 결정해주었다고 했다. "예를 들어 스미스 하사가 나에게 어떤 부탁을 하면 이렇게 말할 수 있었어요. '지금 존스 장군님과 다른 일을 하는 중입니다.' 만약 스미스 하사가 '내가 부탁한 일이 더 중요한 일인데'라고 하면 우리는 같이 존스 장군님에게 가서 의논을 했습니다. 대부분 장군님도 계급보다는 미션에 관련된 중요한 일이 우선이라고 동의해주셨죠. 문제는 스미스 하사가 부탁한 일이 그다지 핵심적인 일이 아닌데 끈질기게 바로 일을 해달라고 할 때였어요. '이봐요, 소령님. 우린 친구잖아요. 시간 있으면 이 일 좀 바로 해주실 수 없어요?' 그렇게 되면 그 추가적인 일을 떠맡게 되었습니다."

나는 개인적으로 처리해주어야 할 일은 어떻게 구분하는지 그녀에게 한번 물어보았다. "지시하는 사람의 계급에 차이가 없는 이상 기본적으로 모든 일의 우선순위는 똑같습니다. 명령체계를 따르면 되죠. 그리고 사실 업무의 중요도는 명확하지 않은 경우가 많습니다. 그럼 우선순위는 어떻게 정하느냐고요? 그때그때 다르죠."

소령님은 나에게 현재 조직에서의 책임체계 혼란에 대해 설명해주었다. "예를 들어 제 직속상사는 제 옆에 바짝 붙어 서서 제 부하직원들에게 지시를 내립니다. 제가 이전에 말했던 내용과 다른 이야기를 할 때가 많죠. 정말 우리 회사는 너무나 혼돈스러운 동네입니다. 그러면 제 부하직원들은 도대체 누구의 말을 들어야 할까요? 저일까요, 아니면 제 상사일까요? 어떤 때 제 상사의 상사는 제 스케줄을 완전히 바꾸라고 요구하기도 하죠. 이럴 때 저는 요구받은 대로 스케줄을 바꿔야 할까요, 아니면 상사에게 조목조목 따져야 할까요? 또 어떤 때에는 생산과 관련된 이해관계자들이 동시에 여기저기서 저에게 전화와 이메일을 날려댑니다. 다른 부서의 부서장도 있고 스폰서나 광고주도 있지요. 온라인 저작물, 다른 채널, 영화, 본사, 잡지사의 담당자들도 모두들 연락을 합니다. 저한테 이걸 하고, 저걸 하지 말고, 또 어떤 식으로 일을 하라고 이야기를 하는 거죠."

소령님은 그 조직의 역사상 굉장히 전설적인 인물로 알려져 있는 사람이다. 매우 차분하고 냉정한 사람, 최고의 전문가, 성공한 생산관리자로 평판이 자자하다. 그녀는 어떻게 그러한 평판을 얻을 수 있었을까? 몇 년에 걸쳐 그녀는 다양한 갈등문제들을 효과적으로 해결할 수 있는 전략을 개발해왔다. 그래서 나는 소령님에게 몇 가지 상황을 제시하고, 어떻게 대처하는 것이 좋은지 물어봤다.

### 상사가 명령체계를 무시하고, 나의 직속부하에게 바로 업무를 지시한다면?

"당신의 상사에게 물어보세요. '잠깐 여쭤보고 싶은 게 있습니다. 지시하신 일에 대해 부장님께서 직접 그 직원을 관리하실 것인지요, 아니면 제가 관리를 해야 하는 것인지요? 저는 그 직원과 함께 어떤 일을 하면 될까요? 이 업무와 지시내용에 대해 저에게 다시 한 번 설명해주실 수 있을까요?"

### 상사의 상사가 명령체계를 무시하고, 나에게 직접 업무를 지시한다면?

"우선 상사의 상사에게 질문을 해야지요. '이 업무에 대해 어느 분께 보고를 드리면 될까요? 제 직속상사인지, 아니면 (상사의) 상사님인지 잘 모르겠어서요. 직속상사에게 직접 보고를 해야 한다면 (상사의) 상사님과 셋이 함께 모여서 일에 대해 합의를 하는 것이 좋을 것 같습니다. 그리고 (상사의) 상사님께 직접 보고를 해야 한다면 기존의 업무체계 내에서 그러한 행동이 효과적인지에 대해 문의를 드리고 싶습니다' 라고 말이에요. 중요한 것은 직속상사가 자신의 상사와 합의를 해서 어떤 업무가 더 우선순위인지를 결정하도록 하는 것입니다."


직속상사와의 관계에 문제가 있어
보고체계를 무시하고 싶을 때가 있다면?


"정말 어쩔 수 없을 때가 아니라면 직속상사의 머리를 넘어서지 말아야겠지요. 우선은 직속상사를 무시하고 그 윗분에게 보고할 만큼 지금의 문제가 큰 것인지를 생각해보세요. 스스로에게 질문을 해보는 거죠. '조직의 미션을 달성하는 데 문제가 생겼나? 이렇게 가다 보면 심각한 일이 생길까? 지금까지의 노력에 문제가 있었나? 진정으로 심각한 문제인가?' 만약 그렇다면 최선의 방법은 우선 신뢰할 만한 선임자에게 먼저 의논을 하는 것이 좋습니다. 어떤 상황이든 간에 상사의 상사에게 직접 문제를 가져가는 것에 대해 가볍게 생각해서는 안 됩니다."

### 동료가 당신에게 업무를 지시한다면?

"우선은 당신이 그 일을 하기에 가장 적절한 사람인지 생각해봐야 합니다. 그리고 업무를 완료하려면 시간이 얼마나 걸리는지, 정확히 어떤 일을 해야 하는지 파악해봐야죠. 그 다음에는 당신에게 시간이 있는지, 그 일을 맡을 것인지를 결정하세요. 자기 자신에게 질문을 해보는 거예요. '이 일을 맡을 것인지에 대해 내가 결정할 수 있는가? 상사에게 문의를 해봐야 할까? 누군가에게 의논을 하는 것이 좋을까?' 이러한 점들을 다 체크해보고 나서 업무를 지시한 사람과 업무의 기준에 대해 논의하고, 어떻게 최종 결과를 평가할 것인지에 대해 합의를 해야겠지요."

### 회사 대표가 뜬금없이 전화해서 일을 시키거나, 현재 하고 있는 일에서 갑자기 빠지라고 한다면?

"우선 대표님께 알려드릴 필요가 있습니다. '현재 제가 하고 있는 일은 어떤 것이고, 제가 현재 보고하고 있는 사람은 상사

○○입니다.' 그리고 업무에 대해 자세히 알아보고, 혹시 당신이 할 수 없는 일이 아닌지 점검해보세요. 그 다음에는 직속상사가 지시했던 일과 충돌이 있는지 생각해봐야겠지요. 만약 그렇다면 대표님과 솔직하게 의논해야 합니다. 마지막으로 꼭 해야 할 일은 그 일을 하는 과정에 직속상사를 끌어들이는 것입니다. 이는 빠르면 빠를수록 좋습니다."


## 자존심 세고 경력 많은 하급 관리자가 갑자기 전화해서 일을 시킨다면?


"우선은 이 고집 센 분의 비위를 좀 맞춰야지요. 당신에게 관심을 가져준 것에 대해 감사를 표해주세요. 그리고 그 업무가 당신이 꼭 해야 할 일인지, 거절해도 될 것인지를 알아보세요. 당신이 다른 일 때문에 바쁘다면 솔직하게 설명을 하면 됩니다. 당신의 직속상사에게 힘을 좀 실어달라고 해도 좋지요. 사실 가장 좋은 방법은 그 일을 해줄 다른 사람을 추천하는 거예요. 그러면 또 그 사람에게 생뚱맞게 전화를 할 테니까요."

"지금 문제가 되고 있는 업무나 진행 과정에 대한 기준을 판단해줄 고위 관리자나 지침서가 있는지 바로 알아보세요. 정보자원을 찾았다면 충분히 숙지하고 행동에 옮길 수 있도록 하고, 누군가 질문을 하면 대답을 할 수 있도록 준비하세요. 그리고 관련 자원을 찾지 못했다면, 또는 지금 이슈가 되고 있는 일을 하는 데 있어서 틀린 것이 없다면 각 관리자들이 기대하는 규정이나 기준이 구체적으로 어떤 것인지 파악해보는 거예요. 이제는 어떤 관리자가 잘못된 기준을 요구한다 해도 올바른 정보를 제공할 수 있겠지요? 그 관리자가 당신의 이야기를 듣지 않으려 할 경우 가능하다면 그 사람과 함께 일하지 않는 것이 좋을 겁니다."

"진정한 친구와 편의에 의해 맺어진 친구를 구분할 줄 알아야 합니다. 상대방이 진정한 친구라면 그 사람을 도와줄 수 있는 방법을 찾으려 애쓰겠지요. '꼭 내가 해줘야 하는 중요한 일이지?'

라고 다시 한 번 확인해보는 것도 필요하고요. 그렇지 않다면 이렇게 말해주세요. '네가 정말 내 친구라면 이 일은 나한테 부탁하지 않았으면 좋겠다. 나는 지금 맡고 있는 일만으로도 숨이 막히거든.'"

능력 있는 상사와 튼튼한 1대1 관계를 맺는 것에 초점을 맞춰라. 가장 우선적으로 해야 할 일은 상사와 함께 작업하는 시간을 늘리는 것이다. 이제부터는 하루에 한 명씩 상사를 관리하는 습관을 들여보자.

# 상사가 기대하는
# 바를 분명히
# 이해하라

# 상사의 명확한
# 지시를 이끌어내라

●
●
●

어느 날 당신의 상사 크리스가 당신에게 새로운 업무를
부여했다. 크리스는 당신이 일을 잘한다는 이야기를 들어왔기
때문에 새 프로젝트의 담당자로 당신을 선택한 것이다. 이 프로
젝트에서 당신이 활약해서 크리스를 감동시킨다면 당신은 앞으
로 더 큰 권한을 갖게 될 것이고, 상당한 보상도 받을 수 있는 상
황이다.

당신은 여태껏 이런 중요한 일을 맡아본 적이 없기 때문에 열
심히 배우고 일할 마음의 준비가 되어 있었다. 그런데 크리스는
엄청난 양의 서류 더미를 건네면서 이렇게 말했다. "이 자료들을
잘 읽어보고 우리가 해야 할 일이 무엇인지 감을 잡아보세요. 사

실 이번 일의 최종 결과가 어떻게 나와야 할지 나도 아직 확실하게 그림이 그려지지 않네요. 당신 생각은 어떤지 궁금합니다."

크리스와 많은 이야기를 해봤지만 최종 결과물이 어떤 식으로 나와야 할지, 또 최종 마감일은 언제가 되어야 할지에 대해서는 결국 듣지 못했다. 그 대신 크리스는 최근에 유사한 프로젝트를 수행했던 동료 팻에게 의논해보라는 조언을 해주었다. 크리스와 당신은 일단 부딪혀보면서 문제를 파악해보기로 합의했다. 모호한 부분에 대해 30분쯤 논의를 한 뒤 크리스는 중요한 이야기를 해주었다. "이 프로젝트는 최고 우선순위로 진행되어야 합니다." 서류 더미를 안고 나가는 당신의 뒤통수에 대고 크리스는 며칠 내에 일이 잘 진행되고 있는지 보고해줬으면 좋겠다고 이야기했다.

자칫하면 엄청나게 큰 기회를 실패로 몰아갈 수 있는 상황이다. 지금은 당신이 가진 역량만큼 일을 잘해내기가 너무나 어려운 상황이다. 물론 당신의 능력이 매우 뛰어나고, 행운도 따른다면 이 프로젝트를 성공적으로 이끌 수도 있다. 하지만 프로젝트를 성공적으로 완수하기 위해 세부 과제들의 순서를 정하고, 작업계획을 세우고, 마감기한을 정하면서 업무성과를 관리할 수 있는 체크리스트를 만들기까지 엄청나게 고통스러운 과정을 거쳐야 할 것이다. 이렇게 끙끙대며 프로젝트의 진행 기준을 정하게 될 때쯤 되면 정해진 시간 내에 일을 끝내기 어려운 상황이 되어 있을 가능성이 높다.

프로젝트를 진행하다 보면 "최고 우선순위로 진행되어야 한다"는 모호한 이야기보다 훨씬 더 긴박하고 명확한 마감기한이 발견될 것이고, 이전에 미처 알지 못했던 중요한 요구사항들이 하나둘 나타날 것이다. 그래서 어쩔 수 없이 프로젝트의 후반쯤에 가서는 계획된 프로세스를 모두 바꾸고, 엄청나게 헉헉대며 달려야 할 것이다. 크리스는 아마 이렇게 말할 것이다. "왜 좀더 일찍 모든 사항들을 파악하지 못했어요?" 그러면 당신은 속으로 이렇게 악을 쓸 것이다. "이런, 젠장! 크리스! 프로젝트를 언제까지 끝내야 하는지, 내가 신경 써야 하는 주요 사항들이 뭔지 처음부터 알려줬어야지!"

이 프로젝트의 성과가 어떻게 나왔든 간에 당신은 정말 괴로운 경험들을 마주하게 될 것이다. 최종 결과물은 기대 이하일 것이고, 크리스는 당신의 일처리에 대해 감동을 하기는커녕 투덜거릴 것이고, 이제까지 받았던 인정과 보상은 더 이상 얻기 어려울 것이다. 더 심한 경우 당신이나 크리스, 회사에 대해 재무적 손실을 입힐 수도 있다. 그러면 이 프로젝트에 관련된 모든 사람들이 대가를 치러야 할 것이다.

프로젝트를 성공적으로 이끌고 당신과 상사가 모두 인정을 받으려면 이 상황에서 어떻게 대처하는 것이 더 좋았을까? 바로 이런 때야말로 상사관리의 첫 번째 단계를 밟을 때다. 즉, 당신은 프로젝트를 성공적으로 완수하기 위해 지켜야 하는 요구사항과 마감기한에 대해 상사가 어떤 것을 기대하고 있는지 명확하게 설명하도록 유도해야 한다.

# 상사에 대해 파악해야 할
# 세 가지 핵심사항

●
●
●

언제나 일을 시작할 때에는 상사가 당신에게 기대하는 업무 내용과 진행방법에 대해 명확하게 이해해야 한다. 나는 많은 사람들이 이런 이야기를 할 때마다 정말 놀라움을 금치 못한다. "저는 상사가 제 어깨 뒤에서 넘겨다보면서 이거 해라, 저건 어떻게 해야지 하는 게 진짜 싫어요. 일단 일을 시켰으면 저한테 맡겨줘야 하잖아요." 하지만 그 말을 한 후 입술에 침도 마르기 전에 그 사람들은 상사들이 자신에게 뭘 바라는지 명확히 이야기해주지 않는다고 툴툴대기 일쑤다.

물론 그 누구도 사사건건 참견하는 상사를 원하지는 않겠지만 며칠, 몇 주, 몇 개월 동안 당신이 깨닫지 못하고 잘못 일해왔다는 것을 알아차렸을 때 당신은 누구를 비난하겠는가? 당신의 업무 중 핵심사항에 대해 잘 모르고 있었다는 사실을 깨달았을 때 비난해야 할 사람은 누구일까? 다시 말해 중요한 업무 프로세스에서 요구되는 단계들에 대해 당신이 배우지 않았다는 것을 알게 되었을 때 누구를 비난하겠는가?

부하직원이 하는 일마다 코를 들이밀고 감 놔라 배 놔라 하는 상사는 물론 환영받지 못하지만, 사실 별로 걱정할 것 없다. 대부분의 관리자들은 그럴 수 있는 시간도 없고 그러고 싶은 생각도 없기 때문이다.

물론 어떤 관리자들은 일이 하나씩 진행될 때마다 끼어들어서 잔소리를 해대기도 한다. 뭐, 당신이 꾹 참고 얼굴 한가득 미소를 띠면서 상사가 고함지르는 내용을 재빨리 노트에 적는 한, 적어도 이 관리자가 당신에게 무엇을 바라는지는 알게 될 것이다. 하지만 현실에서는 대부분의 관리자들이 그와 반대되는 행동을 한다. 그들이 가장 많이 하는 이야기는 다음과 같다. "부하직원에게 뭘 해야 할지, 어떻게 해야 할지에 대해 이야기해줄 필요 없어요. 그들이 벌써 자기가 해야 할 일에 대해 잘 알고 있거든요." 이런 상사들은 때로 당신 주위를 맴돌면서 관리자 역할을 하는 것을 원하지 않는다. 그 대신 당신이 스스로의 일에 '주인의식'을 느끼기를 원한다. 그래서 당신에게 질문 세례를 해대고, 뭔가 의미 있는 것을 빨리빨리 토해내라고 재촉한다. 그들은 당신에게 쉴 새 없이 제안을 해대고, 그 혼란스러움 속에서도 당신이 올바른 판단을 하고 올바른 결론을 내릴 수 있기를 기대한다. 그런 상사들은 습관적으로 이런 말을 한다. "나는 부하직원들이 실수를 통해 스스로 배우기를 바랍니다."

이런 잔인한 인간들 같으니라고! 도대체 왜 이 사람들은 부하직원이 불필요한 실수를 피해갈 수 있도록 도와주지 않는 것일까? 왜 부하직원이 바람직한 행동 연습을 통해 일을 잘 배울 수 있도록 도와주지 않는 것일까?

많은 사람들이 실수를 하는 것은 일을 배울 수 있는 좋은 기회라고 오해한다. 하지만 만약 새로운 일을 할 때마다 무모한 도전을 하면서 하나하나 찾아가야 한다면 한 가지 일을 배우는 데 아주 많은 시간이 걸릴 것이다. 시행착오란 독특한 문제를 해결하는 데에는 유용할 수 있지만, 최고의 성과를 올리는 방법을 배우는 데에는 바람직하지 않다. 그리고 그러한 방법으로는 당신의 일에 대해 '주인의식'을 가질 수가 없다. 당신은 월급을 받고 명확하게 정의된 지침에 따라 일을 하는 사람이다. 즉, 어떤 일을 해야 하는지, 어떻게 일을 해야 하는지를 정하는 사람은 당신이 아닌 것이다. 당신이 결정할 수 있는 것과 그럴 수 없는 것까지 포함해서 당신이 해야 할 일이 어떤 것인지, 그것을 어떻게 해야 하는지를 명확하게 알 때에야 비로소 당신이 맡은 일의 주인이 될 수 있다.

부하직원에게 진정한 파워를 주고 싶다면 혼자 내버려둔 채 하고 싶은 대로 일하도록 해서 될 일이 아니다. 진정한 힘은 자신에게 위임된 일에 대해 기대되는 방향과 방식으로 그 일을 완수하는 능력에서 나온다.

대부분의 관리자들은 관리를 하는 데 있어서 '지시적인 접근방법(업무를 위임할 때 명확한 방향과 기대사항 제공)'보다는 '촉진적인 접근방법(무엇을 해야 할지 스스로 알아내도록 함)'을 선택한다. 왜냐하면 촉진적인 접근방법이 다른 사람에게 무엇을 지시하는 것에서 오는 불편한 긴장감을 감수하지 않아도 되는, 더 쉬운 길이기 때문이다. 하지만 당신은 명확한 업무지시를 받아야 한다. 업무위임을 통해 파워를 얻을 수 있는 효과적인 방법은 상사가 각 과제의 목표와 가이드라인, 마감기한을 당신에게 정확하게 이야기해주도록 하는 것이다. 그러려면 작업내역에 있는 모든 과제들을 수행할 때마다 상사와 지속적으로 대화를 해야 한다.

당신에게 배정된 업무에서 기대되는 바를 이해하기 위해 파악해야 하는 세 가지 핵심요소는 다음과 같다.


■ 명확한 목표: 최종 결과는 어떤 형태로 나와야 하는지 파악한다.
  – '내가 달성해야 할 목표는 무엇인가?'
■ 구체적인 기준: 당신에게 맡겨진 프로젝트의 세부사항과 요구

사항들에 대해 숙지한다.

- '이 일을 어떻게 해야 하는가?'

■ 정확한 마감기한: 당신이 언제 프로젝트를 마감해야 하는지 이해한다.

- '목표를 달성하기 위해 필요한 모든 단계의 스케줄은 어떻게 짜야 하는 것인가?'

당신은 상사가 구체적인 업무에 대해 명확한 세부사항을 이야기해주도록 유도해야 한다. 특정한 방법으로 일을 진행해야 한다면 상사에게 기대되는 바를 설명해달라고 촉진해야 한다. 적어도 성과를 평가할 수 있는 기준 정도는 얻어낼 필요가 있다. 당신이 얼마나 열심히 책임감 있게 일을 했는지에 상관없이, 구체적으로 기대되는 일의 구성과 범위에 대해 알지 못한다면 성공적으로 일을 해내기란 거의 불가능하다.

# 명확한 기대사항을
# 제공해주지 않는다면?

명확하고 구체적인 세부사항을 잘 설명해주지 않는 상사
와 함께 일하고 있다면 당신이 해야 할 일은 그 사람을 도와주는
것이다. 앞에서 이야기했듯이 대부분의 상사들은 촉진적 접근법
을 사용한다. 일방적으로 지시를 하기보다는 부하직원에게 많은
질문들을 해서 스스로 옳은 답을 찾도록 유도하는 것이 더 좋은
방법이라고 배워왔기 때문이다. 안타깝게도 관리자들이 부하직
원에게 가장 많이 하는 질문은 너무나 비효율적인 질문들이다.

- "일은 어떻게 되어가나?"
- "잘 되고 있지?"

■ "내가 알아야 할 문제라도 있나?"

이런 질문들은 너무나 모호하기 때문에 당신에게는 하등의 도움이 안 된다. 상사와 부하직원 간의 대화는 반드시 쌍방적, 상호적이어야 한다. 하지만 서로 '저자식이 도대체 무슨 이야기를 하는 거야'라고 알아내려 애를 쓰는 상황이 되어서는 안 된다. 당신의 상사가 질문을 통해 당신을 관리하려 한다면 상사가 정말 좋은 질문을 할 수 있도록 도와주자.

효과적인 관리자의 질문방법과 부하직원의 의견제시 방법을 한번 살펴보자.

(관리자) "○○씨한테 이 일을 맡기려고 하는데 어떻게 생각해요? 이 업무를 하기 위해서는 내가 어떤 것을 도와주면 좋을까요?"

(부하직원) "제가 앞으로 얻어야 할 정보나 교육, 도구나 공간, 예산이나 인력은 어떤 게 있는지 알고 싶습니다. 제가 필요한 자원을 얻을 수가 없는 경우 차선책으로는 어떤 것을 생각해보면 좋을까요? 그 차선책을 시도해볼 때에는 제가 어느 정도의 재량권을 가질 수 있는지도 말씀해주시면 좋겠습니다."

(관리자) "이번 목표를 달성하기 위해 어떤 계획을 가지고 있는

지 궁금합니다. 마감기한을 맞추기 위해 스케줄을 작성했다면 좀 보여주십시오. 제가 알고 싶은 것은 첫 번째 보고에 대한 일정, 첫 번째 업무단계, 그리고 각각의 이정표에서 성공 여부를 평가해볼 수 있는 기준이 어떤 것인가 하는 것입니다."

(관리자) "프로젝트의 각 단계당 작업내역이나 체크리스트가 만들어져 있다면 좀 보고 싶습니다. 한 단계를 완료하는 데 시간이 어느 정도 걸릴까요? 1단계를 수행하는 데 어떤 가이드라인을 참고할 예정입니까? 2단계나 3단계, 4단계에 대해서도 좀 설명해주십시오."

이와 같은 질문을 받았을 때 척척 대답해낼 수 있다면 상사가 기대하는 바를 제대로 파악하고 있다는 것이 증명될 것이다. 그러면서 당신과 상사가 이 프로젝트에 대해 동일한 기대를 가지고 있다는 것을 확인할 수 있다. 대화를 하는 동안 당신과 상사가 각자 기록을 한다면 서로 동일한 생각을 하는지 재확인할 수 있을 것이다.

만약 상사가 이런 질문을 해주지 않는다면 스스로에게 동일한 질문을 던져보라. 아니면 상사에게 이러한 질문을 해달라고 부탁하라. 이때 상사의 이야기를 귀 기울여 듣고, 세부적인 내용까지 기록하는 것이 좋다. 그 기록들은 다음번 미팅에 요긴하게 활용될 것이다. 결론적으로 당신이 맡은 업무에 대해 상사와 조직이 어떤 기대를 하고 있는지 명확하게 파악한다는 것은 자신에게 주어진 기대에 대한 명료화와 세밀한 조율, 일하기와 대화하기, 상사와 합의하고 지속적으로 확인하기 등과 같은 작업을 지속적으로 하는 것을 의미한다.

# 지속적인 변화 추구하며
# 기대감 관리하기

●
●
●

사람들은 종종 나에게 이런 말을 한다. "제가 업무에 대해서 상사와 미리 의논을 한다 하더라도 문제는 상황이 너무 자주 바뀌어버린다는 거예요. 어제는 A라는 결정을 내렸지만, 오늘은 B라는 상황이 되어버리니까요." 이러한 사례는 특히 IT 부서들에서 자주 찾아볼 수 있다. 한 연구원의 IT 부서 관리자가 나에게 이런 이야기를 해주었다. "제가 하는 업무는 구성원들의 컴퓨터가 잘 돌아가게 관리해주는 것입니다. 그런데 일을 하다 보면 항상 위기상황이 생겨요. 누군가의 컴퓨터가 고장 나면 그 사람은 일을 못하게 되니까요. 하지만 컴퓨터가 언제 맛이 갈지는 도저히 예측할 수가 없죠. 갑자기 누군가의 컴퓨터가 멈춰 서면 그 사람의 컴퓨터는 제가 처리해야 할 첫 번째 일이 됩니다. 어젯밤 회의에서 상사와 팀 구성원들이 오늘 내게 가장 먼저 시킬 일이 뭐라고 결정했든지 간에 말이에요. 저희 회사는 업무량이 매우 많은 편이고, 업무흐름도 불규칙할 때가 많아요. 그래서 항상 업무량이 지나치게 많아지지 않도록 어떤 일을 우선순위로 할 것인지 고민하죠."

"대부분 하루를 기준으로 했을 때 상사와 같이 하는 일은 두 가지 정도가 됩니다. 아침에는 작업내역 목록을 점검하고 각 업무의 담당자를 정하게 되죠. 그리고 업무가 끝날 때쯤 되면 하루 동안 있었던 일에 대해 함께 검토하고 내일의 업무에 대해 예측해봅니다. 하지만 낮이나 밤이나 위기 전화가 걸려오면 재빨리 작업의 우선순위를 바꿉니다. 저는 항상 스스로에게 물어보죠. '지금 내가 가장 먼저 해야 할 일은 무엇일까?'"

가끔씩(당신이 하는 업무 분야에 따라 더 자주일 수도 있음) 당신의 상사는 당신에게 이런 말을 할 것이다. "어제 내가 A, B, C가 중요하다고 이야기했었지? 음…… 근데 오늘부터는 그게 별로 중요하지 않게 됐어. 이제까지 수고 많이 했는데 미안하네. 자, 잘 들어. 지금 이 순간부터 중요한 것은 X, Y, Z야." 이놈의 상사는 도대체 어제 내가 무슨 난리를 쳤는지 모르는 걸까? 그럴 수도 있고, 아닐 수도 있다. 오늘날의 회사환경은 하루하루 엄청난 변화를 겪고 있기 때문이다. 그러하기에 더더욱 상사와 지속적으로 열심히 1대1 대화를 해야 하는 것이다. 변화가 생길 때마다 업무의 우선순위가 곧바로 바뀌게 될 것이므로 당신은 반드시 상사에게 다음과 같은 질문을 던져봐야 한다.

- 어떤 변화가 생겼는가? 어떤 수정 · 보완 작업이 필요한가?
- 그렇다면 업무계획은 어떻게 바꾸어야 할까?
- 합의된 목표를 달성하기 위해서는 작업내역의 우선순위를 어떻게 조정해야 할까?
- 체크리스트는 각 업무단계의 품질을 보장할 수 있도록 꾸며져 있는가?
- 지금 가장 중점을 두어야 할 최우선순위 업무는 무엇인가?

# 할 일을 명료화하면서
# 창의성 발휘하기

●
●
●

사람들은 대부분 일을 할 때 스스로 자유롭게 결정을 내리고 싶어 한다. 하루 종일 뼈 빠지게 누군가 시키는 대로만 일하고 싶은 사람은 없을 것이다. 사실 조직에서는 당신이 일을 하면서 창의성을 발휘하고, 약간의 위험부담과 시행착오를 경험하기를 기대하기도 한다. 만약 당신의 업무가 기존과 완전히 다르고 새로운 것을 창조하는 일일 경우 상사에게 명확한 기대사항과 지시들을 이끌어내려면 어떻게 해야 할까?

업무를 좀 더 창의적으로 하고 싶다면 당신 스스로 결정할 수 있는 것과 결정할 수 없는 것이 무엇인지, 당신에게 기대되는 것이 무엇인지 명확하게 파악하는 것이 중요하다. 이때 당신에게 기대되는 범위 내에서 활용해야 하는 기준을 정확하게 이해할 필요가 있다. 구체적인 가이드라인이나 목표가 주어지지 않았다 해도 업무범위를 명확하게 알기 위해 노력해야 한다. 그렇지 않으면 일을 하는 데 혼란스러움을 느끼게 될 것이다. 적어도 마감일이 언제인지는 알고 있어야 한다. 그게 아니면 무한정 앉아서 머리만 굴리고 있을 것인가? 최종 성과가 완료되었는지는 어떻게 알 수 있을까? 당신이 어느 정도의 위험을 부담하고 시행착오를 경험해볼 생각이 있다면 상사로 하여금 전체적인 업무 맥락 안에서 안전하게 시도해볼 수 있는 위험부담과 실수의 범위를 결정해주도록 해야 한다.

꼭 기억하기 바란다. 창의적인 업무를 배정할 때 사실 당신의 상사는 이 프로젝트의 명확한 목표가 무엇인지 아직 그림을 그리지 못했을 가능성이 많다는 것이다. 자신이 어떤 것을 추구하고 있는지 아직 모르기 때문에 당신에게 "한번 해봐"라고 요구하고, 당신이 시도한 것들을 검토해보고 싶은 것이다. 이렇게 되면 상사가 당신을 활용해 자신의 창의적 작업 과정의 초기 단계를 시험해보는 것이나 마찬가지다.

만약 당신과 상사가 이 프로젝트에 대해 미리 이야기하지 않고, 당신이 자신의 해야 할 역할을 모른다면 둘 다에게 이번 일은 끔찍한 좌절의 연속이 될 뿐이다. 당신이 이루어낸 일의 성과는 끊임없이 상사에게 비난받을 것이고, 결국 상사가 그 일을 빼앗아가서 전체적으로 일을 다시 해야 할 것이다. 그렇게 되면 당신은 상사가 자신의 프로젝트를 가로채 갔고, 이제까지 당신이 했던 일은 완전히 무용지물이라는 자책감에 빠질 수밖에 없다. 당신이 맡은 일의 최종 목표가 모호한 상태더라도 상사가 당신에게 원하는 역할이 무엇인지 파악하고, 업무내용을 정확하게 이해하는 것은 여전히 중요한 일이다.

# 상사가 전문가가 아니라면
# 어떻게 해야 할까?

상사들은 종종 자신이 잘 모르는 전문성을 가진 부하직원을 관리해야 할 때가 있다. 만약 당신이 어떤 분야의 전문가인데 상사가 그 분야에 대해 잘 알지 못한다면 그에게 어떻게 도움을 받을 수 있을까? 이런 경우 상사가 반드시 그 분야의 전문가가 될 필요는 없다. 하지만 당신이 하는 일이 어떤 것인지를 이해할 만큼은 상사를 가르쳐야 한다.

상사가 당신이 하는 모든 일을 다 이해하고 있지는 않아도 된다. 하지만 상사가 당신의 업무에 대해 아는 것이 하나도 없다면 문제가 커질 수 있다. 상사가 이번 일에 대해 어떤 것을 기대하고 있는지 알아내려면 주된 초점을 최종 성과에 맞추고 상사에게 많은 질문을 던져보기 바란다. "제가 어떤 일을 하기를 원하시는지 구체적으로 알고 싶습니다. 최종 성과는 어떻게 나오기를 원하십니까? 이 일을 통해 어떤 효과가 생기기를 바라시는지요?"

이렇게 대화를 하는 동안 상사가 당신에게 세부적인 질문을 많이 던지도록 도와주고, 당신이 상사의 기대에 맞춰 잘해내고 있는지를 확인시켜주도록 하자. 상사에게 지속적으로 일에 대한 새로운 정보를 알려주고, 각 단계마다 성과에 중점을 두어라. "지금까지 제가 해왔던 일은 이것입니다. 이 일을 하는 데에는 어느 정도의 시간이 걸렸고, 다음 단계에서는 이 일을 할 것입니다. 그 이유는 이것입니다. 기간은 어느 정도로 예상됩니다. 최종 성과로는 이런 형태를 계획하고 있습니다." 이러한 대화의 내용은 반드시 기록해놓아야 한다.

당신의 상사는 전문가가 되어야 할 필요는 없지만, 시간이 갈수록 당신의 일에 대해 더 많이 알게 될 것이고, 당신의 성과에 대한 기대를 보다 분명하게 이야기해주게 될 것이다.

# 업무의 리듬에
# 나를 맡겨보자

●
●
●

확실한 프로젝트와 과제의 성공을 보장하기 위해 상사로
하여금 명확한 기대와 세부적인 요구사항, 마감기한에 대해 이
야기해주도록 하는 것은 당신이 상사를 관리할 때 가장 첫 번째
로 해야 하는 일이다. 그리고 그와 함께 병행해야 하는 일은 업
무의 리듬에 자신을 맡겨 수시로 변화하는 상황에 자연스럽게
적응하며 통제·관리할 수 있도록 하는 것이다.

　지금까지 나는 복잡하고 신속하게 변화하는 데다가 수많은 압
력들로 가득 찬 환경에서 일하고 있는 조직 구성원들을 만나 이
야기할 기회가 많았다. 이들의 작업환경은 계속해서 변화하고
있었고, 모든 사람들이 한꺼번에 여러 가지 일을 해내느라 정신

없이 뛰어다니며, 서로의 업무는 긴밀하게 연계되어 있었다. 이런 직장에서 일하는 사람이라면 매일 무엇이 가장 중요한 일인지, 어디에 중점을 두어야 하는지, 우선순위가 무엇인지 결정하기 어려울 것이고, 빠르게 변화하는 상황에서 무엇을 해야 하는지 상사에게 명확한 설명을 듣기도 어려울 것이다.

"어떤 근무환경에서도 성공할 수 있는 핵심열쇠는 작업패턴의 리듬을 익히는 거라고 할 수 있죠"라고 한 조직의 현명한 구성원이 이야기해주었던 기억이 난다. 그 사람은 지금까지 스트레스로 가득 찬 직장 다섯 곳을 경험했다고 했다. 그는 군대의 위생병, 민간 구급차의 구급의료기사, 응급실 간호사, 집중치료 전문 간호사, 그 다음으로 전혀 다른 직업을 택해 레스토랑 사업가로 변신했다.

그는 이렇게 이야기했다. "물론 어떤 관리자는 부하직원 관리를 매우 잘해서 그들이 일을 하는 데 원활하게 리듬을 탈 수 있게 해줍니다. 그런 관리자는 갑자기 일의 우선순위가 바뀌더라도 모든 사람들이 조화를 이루어 일을 순조롭게 진행시킬 수 있도록 도와주지요. 각 개인이 그에 맞춰 움직여나갈 음악 악보를 가지고 있고, 전체(가장 상위 직급부터 가장 하위 직급까지)를 위한 체크리스트를 가지고 있어서 모두 함께 서로의 리듬에 맞춰 조율할 수 있도록 지원해주는 겁니다."

"저는 이런 조언을 해드리고 싶습니다. 당신이 어디에서 일하든, 당신의 관리자가 당신을 잘 도와주든 그렇지 않든 간에 일이 가지고 있는 리듬에 집중하고, 당신이 그 음악에서 담당하고 있는 역할을 열심히 익히세요. 그렇게 되면 어느 상황에서라도 어떻게 행동해야 할지 정확하게 알게 될 겁니다. 미처 예상 못 했던 일이 일어나더라도 일의 리듬을 잘 익히고 있다면 어려움을 헤쳐나갈 수 있을 거라 생각해요. 저는 그걸 군대에서 배웠습니다. 그곳에서는 예상치 못한 일이 일어났을 때가 바로 이제까지 배웠던 것을 총동원해서 자신의 능력을 보여줄 때라고 가르쳤거든요."

잘 이해되었는가? 당신은 일을 하면서 생기는 모든 상황에 적용할 수 있는 표준업무진행 과정을 익혀야 한다. "가장 예측할 수 없는 일이 발생하는 상황이야말로 당신이 표준업무진행 과정을 가장 필요로 하는 때라고 할 수 있습니다"라고 그 현명한 조직 구성원은 주장했다. 그리고 "만약 당신이 명확한 업무규정이나 표준업무진행 과정이 없는 곳에서 일하고 있다면 반드시 표준업무체계를 만들 것을 권합니다"라는 이야기도 해주었다. "스스로 활용할 수 있는 체크리스트를 만드십시오. 즉, 자신의 악보를 만드는 거죠. 일의 리듬을 이해할 만한 능력이 있는 사람이 주위에 아무도 없다면 당신이 바로 '그 사람'이 되는 겁니다. 그러면 자신의 일을 능숙하게 잘해나가면서 주위 사람들도 도와줄 수 있지요. 이런 식으로 일하다 보면 당신은 동료들 사이에서 리더가 되어갈 것입니다."

# 필요한 자원을
# **파악하고**
# 계획을 세우자

# 자신의 역량은 가장 기본적인 자원이다

●
●
●

모든 업무와 과제, 프로젝트들의 목표를 달성하기 위해서는 독특한 자원들이 요구된다. 필요한 자원들(스킬, 도구, 재료, 인력)을 구하지 못하면 어떤 일이든 완료하기가 더욱 어려워진다. 안타깝게도 때로는 배정받은 일을 하는 데 필요한 자원들이 없을 때도 있고, 심지어는 아주 늦게서야 '그런 것이 필요하구나' 하고 인식할 때도 있다. 그런 상황이 되면 아무런 산악장비도 없이 미끄러운 바위를 올라가야 한다. 어떻게 하면 좀 더 쉽게 산에 올라갈 수 있을지도 알지 못하고, 시시때때로 굴러떨어지기도 할 것이다. 자신에게 어떤 자원이 부족한지 깨닫지 못한다면 절대 성공은 보장할 수 없다.

상사가 당신에게 새로운 프로젝트나 과제를 맡겨주면 곧바로 두 가지 질문을 해야 한다. "제가 이 일을 해낼 만한 능력(경험, 지식, 창의성, 태도, 권위, 영향력)을 가지고 있습니까? 그리고 제가 충분한 시간을 얻을 수 있는지요?" 이 두 가지 질문에 대한 대답에 따라 당신은 스스로의 '생산적인 역량'을 확인해볼 수 있다. 당신의 생산적인 역량은 일을 하기 위해 필요한 가장 기본적인 자원이다.

프로젝트를 수행할 때 필요한 자원에는 도구, 공간, 재료, 다른 사람들의 지원과 시간 등 그야말로 모든 것이 포함된다. 당신이 해당 프로젝트를 수행하기 위해 필요한 자원 계획을 세우고 있는지 확인하고 조력해야 하는 사람은 바로 당신의 상사다. 그런데 만약 상사가 업무를 배정할 때 적극적으로 도움을 주지 않는다면 1대1 면담에서 자원에 대한 주제를 꺼내 필요한 정보를 얻어내는 것은 당신의 책임이다.

# 자원 계획은
# 성공의 발판이 된다

●
●
●

에너지 서비스를 하는 다국적 대기업에서 자원 계획 부장으로 오랫동안 근무해온 메레디스는 이런 이야기를 해주었다. "모든 자원 계획(resource planning)은 일을 하기 위해 필요한 자원들의 목록을 만드는 것에서 시작됩니다. 가령 작업 공간, 재료들, 인프라, 시설, 소재, 기기, 교통편, 정보, 운영과 유지 방법들이 있지요. 또 이런 것들에 대한 계획도 필요하죠. 인력, 필요 역량, 훈련, 필요한 노력, 커뮤니케이션 방법, 협력 방법, 그리고 가장 중요한 요소인 시간에 대한 계획이 필요합니다. 프로젝트의 규모가 아무리 크더라도 자원 계획을 잘 세우면 생산성, 품질, 더욱 충실한 업무 경험 등 엄청난 전략적 이득을 얻을 수 있게 됩니다."

일상생활에서도 자원 계획을 세우는 사람들(화장실 휴지 미리 사놓기, 자동차 기름 꽉 채워놓기)이 있고 그렇지 않은 사람들이 있는데, 미리미리 계획을 세우지 않으면 곧 문제가 생기고 후회할 일이 생기게 된다.

"사실 자원 계획은 모든 일이 잘 돌아갈 때는 눈에 잘 안 띕니다." 메레디스는 설명해주었다. 자원 계획이 없으면 아무리 열심히 노력해도 순조롭게 시작할 수가 없다. 자원 계획이 시원찮으면 당신의 프로젝트 자동차는 피식피식 소리를 내며 기어가다가 곧 멈추게 될 것이다. 하지만 자원 계획이 명확하다면 노력하는 만큼의 결과를 얻을 수 있다는 것도 명백한 사실이다.

"일을 다 끝내고 나서 특정한 자원이 있었더라면 일을 더 신속하고 더 훌륭하게, 노력을 덜 들이고 할 수 있었을 거라고 생각해봤자 아무런 소용이 없습니다. '그때 그 사실을 알았더라면!' 하고 가슴을 쳐봤자 이미 늦은 일이죠. 이제 와서 그 자원을 얻을 수는 없을 테니 말이에요. 그런 상황이 되면 당신이 약속했거나 기대했던 것보다 더 낮은 수준의 성과밖에 올릴 수 없게 됩니다. 만에 하나 그 자원을 얻을 수 있다 해도 이미 뚫려 있는 구멍을 메우는 데 더 많은 시간을 쓰게 될 테니까요."

자원 계획을 잘 세우려면 세 가지 기본 단계를 밟아야 한다. 그리고 각 단계마다 상사를 개입시켜 성공적으로 일을 잘 수행할 수 있도록 당신을 도와주게 하는 것도 중요하다.

### 1단계: 필요한 자원 파악하기

맡은 업무의 목표를 달성하기 위해 필요한 자원 목록을 만든다. 프로젝트를 성공적으로 완수하기 위해서는 어떤 자원이 필요한지 명확하게 파악해야 한다.

### 2단계: 공급망 조사하기

활용할 수 있는 '공급망(supply chain)'을 조사해보라. 필요한 자원을 쓸 수 있는지 알아보고, 어떤 곳에 문의를 해야 얻을 수 있는지 알아보는 것이다. 그 자원을 얻는 데 필요한 과정과 비용, 총 소요시간은 어느 정도인지 파악하자.

### 3단계: 차선책 마련하기

가능한 차선책은 어떤 것이 있는지 미리 알아보자. 필요한 자원을 얻을 수 없을 경우 업무를 성공적으로 완수할 수 있는 B안을 마련해놓아야 한다.

당신의 상사가 이런 정보들을 가지고 있지 않다면 당신이 이
것에 대해 알아보는 것을 누가 도와줄 수 있을까?

# 필요한 자원 목록을
# 만들어라
●
●
●

자원 계획에 상사를 개입시키기 위한 첫 번째 단계는 다음과 같이 질문하는 것이다. "부장님께서 맡겨주신 일을 하려면 어떤 핵심 자원들이 필요할까요?" 상사와 지속적으로 업무 관련 대화를 하려면 이런 질문을 하는 습관을 들이는 것이 좋다. 앞으로 계속해서 필요한 자원에 대해 상사와 의논을 해야 하기 때문이다. 당신은 상사로부터 적절한 지원과 방향 제시를 받아야 한다. 상사의 보다 직접적인 도움이나 개입이 필요할 수도 있다.

나는 이제까지 많은 조직의 구성원들을 훈련시키면서 프로젝트를 수행하는 데 필요한 자원들이 무엇인지 알게 되었다. 다음의 자원 목록을 활용한다면 상사와 이야기할 때 도움이 될 것이다.

작업공간 / 재료 / 소재 / 기기 / 교통편 / 정보 / 운영방법 / 유지
방법 / 인력 / 필요 역량 / 훈련 / 커뮤니케이션 방법 / 협력방법

물론 어떤 과제나 프로젝트를 하는 데 있어서 일부 자원은 적
절하지 않을 수도 있다. 그렇다면 당신이 일을 하는 데 필요한
자원들이 무엇인지 잘 생각해보고, 상사와의 1대1 대화에서 사
용할 수 있는 자원 리스트를 만들어보기 바란다.

모든 프로젝트에서 항상 필요한 자원은 '시간'이다. 프로젝트
를 수행하는 데 필요한 자원 계획을 완벽하게 세우려면 각 자원
을 얻기 위해 충분한 시간을 벌어야 한다. 즉, 필요한 자원 목록
을 만들고 자원을 요청하고 그 자원을 받는 데까지 걸리는 시간
을 계산해야 한다. 효과적인 자원 계획을 세우는 데 있어서 시간
계산을 잘 하는 것은 매우 중요한 일이며, 시간 계산을 잘 해야
만 공급망을 잘 파악할 수 있다.

# 자원 공급망을
# 파악하라

●
●
●

업무를 성공적으로 완수하기 위해 어떤 자원이 필요한지 알아보는 것은 매우 중요하다. 앞에서 말했듯이 결코 사소한 일이 아니다. 하지만 그 이상으로 핵심적이고 어려운 일은 필요한 자원을 실제로 얻는 것이다. 물론 구하기 쉬운 자원도 있다.

상사와 의논해서 필요한 자원이 무엇인지 알아낸 다음에는 어떤 자원을 얻을 수 있는지 파악하고, 어디서 어느 정도의 비용을 들여 찾아야 하는지 알아봐야 한다. 그렇다면 자원을 얻기 위해서는 어떤 과정을 거쳐야 할까? 상사와 함께 자원 공급망의 세부적인 부분에 대해 이야기해보자. '어떤 자원을 얻을 수 있는지 알아보려면 어디에 문의해야 하는가?' '그 자원을 얻으려면 어떤 절차를 밟아야 하는가?' '어느 정도의 시간을 예측해야 하는 가?' '장애물을 극복하려면 무엇을 해야 하는가?'

때로는 비용을 들여 필요한 자원을 구입해야 할 수도 있다. 이런 경우에는 반드시 상사와 의논해서 어떤 자원을 구입해야 좋을지 결정하라. 충분한 예산이 있는지도 확인해야 한다.

내가 몇 년 동안 함께 작업했던, 비영리 국제자선단체에서 일하고 있는 한 중역은 이런 이야기를 해주었다. "영리 조직에서 일하다가 우리 회사와 같은 비영리 기관에 처음 취직한 사람의 경우에는 예산을 신청하거나 사용하는 절차가 매우 엄격하다는 사실에 익숙해져야 합니다. 어디서 일을 하든 각 조직에서 규정하고 있는 예산 사용 방법을 잘 숙지해야 하지요. 임시 예산은 어떻게 신청할 수 있는지, 예산 승인 담당자는 누구인지, 금액의 한도가 있는지, 구매 항목에 대한 제한이 있는지 알아야 합니다."

꼭 필요한 자원을 잘 살 수 있는 능력은 매우 중요하다. 업무에 필요한 자원이 있을 때 예산과 구입 과정을 명확히 알고 있다면 원하는 자원을 효과적으로 구할 수 있을 것이다.

내가 몇 주 동안 컨설팅과 훈련을 실시했던 의학연구소의 수석 과학프로그램 관리자는 이렇게 말했다. "시험관과 같은 단순한 물품을 구입하는 것은 쉬운 일입니다. 더 어려운 일은 내부와 외부 사람들에게 무엇인가를 얻어내야 하는 것이죠. 제가 자주 필요로 하는 자원은 간단한 정보, 조언 한마디, 서류 한 부 같은 것들이거든요. 다른 부서에 있는 누군가에게 승인을 받아야 할 때도 있어요. IT 부서 동료에게 컴퓨터 세팅을 부탁하거나 특정 프로그램을 설치해달라고 해야 할 때도 있고요. 여행사와 같은 외부업체에 여행 계획을 세워달라고 해야 할 때도 있죠. 이런 것들은 모두 제가 필요한 자원들이지만, 직접적으로 구매할 수 없는 거예요. 각각의 상황에서 제가 정말 필요한 것은 다른 사람의 비공식적인 협조나 지원인 경우가 많아요. 그런데 문제는 그 사람이 주로 내 직속부하가 아닌데 나를 위해 일해달라고 부탁해야 한다는 거예요."

많은 경우 일을 하는 데 필요한 자원은 직접 돈을 주고 살 수 없는 것들, 즉 부서 내 동료들이나 다른 부서 동료들의 비공식적 협력이나 지원이다. 어떤 때에는 업무관계가 명확하게 정의되어 있지 않은 사람에게 무엇인가를 얻어내야 하기도 한다.

상사와 업무 관련 대화를 할 때에는 당신이 프로젝트를 성공적으로 완수하기 위해 다른 동료들(내부/외부)로부터 어떤 협력과 지원을 얻어야 하는지 함께 이야기해보자. 가령 다음과 같은 질문을 해보자. '특정 자원에 대해 문의를 하려면 누구에게, 언제, 어떻게 확인하는 것이 좋을까?' '도움을 얻어야 할 사람들과 어떤 업무관계를 맺어야 하는가?' '어느 정도의 협력과 지원을 요구하는 것이 적절할까?' '상대방에게 협력과 지원을 얻기가 어렵다면 어떻게 해결해야 할까?' 상사에게 도움을 청해 조직에서 당신이 필요로 하는 자원을 줄 수 있는 사람들이 누구인지 파악하고, 그들과 좋은 관계를 맺도록 조력해달라고 하자.

한 과학 프로그램 관리자는 이런 충고를 해주었다. "조직에서 당신이 반드시 해야 할 일은 핵심분야의 핵심인력들과 좋은 업무관계를 맺는 것입니다. 그러한 과정을 통해 당신은 다양한 인력자원들을 갖게 되지요. 필요할 때 조언을 구하기도 하고 효과적인 도움도 얻을 수 있어요. 그들은 당신의 일을 지원해줄 것이고, 당신이 맡은 역할을 잘할 수 있도록 조력해줄 겁니다. 당신 또한 그들의 일을 도와주면서 일을 잘하는 방법을 배울 수 있습니다. 다른 분야에 있는 전문가와 좋은 업무관계를 맺으면서, 당신 또한 당신의 분야에서 누군가 도움을 청하고 싶은 전문가가 될 수 있습니다."

이 관리자의 동료들을 통해 그녀가 회사에서 어떤 식으로 자원 관리를 하는지 알 수 있었다. "그녀는 누군가에게 도움이 되기 위해 굉장히 애를 씁니다. 단순히 자신이 맡은 일에만 전념하는 것이 아니라 전체 기관을 위해 노력하지요. 저 또한 그녀에게 많은 도움을 받았습니다. 사실 꼭 그전에 도움을 받았기 때문이 아니라 그녀가 일하는 모습을 보면 열 일을 제쳐놓고서라도 도와주고 싶은 생각이 듭니다. 그녀가 이야기를 하면 누구라도 설득을 당합니다. 절대 허튼소리를 하는 사람이 아니고, 정말 적극적이고 열정적인 일꾼이니까요. 그녀가 일하는 것을 보면 누구라도 그녀를 신뢰하게 될 거예요. 회사에 있는 모든 구성원들이 그녀를 존경할 만큼 그녀의 평판은 매우 좋아요. 그러니까 모든 사람에게 큰 영향력을 미칠 수 있지요."

이 동료가 특히 강조한 것은 '그녀가 자신이 가진 힘과 사람들의 신뢰를 개인적으로 남용하는 경우가 없다'는 사실이었다. "그녀는 업무관계를 이용해서 개인적인 욕구를 채우는 사람이 아니에요. 그녀가 일하는 모습을 보면 조직에 대한 충성도를 너무나 잘 느낄 수 있어요."

동료들의 대인관계를 중요시 여기는 동시에 믿을 수 있는 전문가, 열정적인 실행자, 충성도 높은 조직 구성원으로서 행동하는 것을 잊지 마라. 스스로에게 이런 질문을 해보자. '나는 어떤 식으로 일하고 있는가? 나는 동료들과 어떻게 협동하고 있는가? 나의 태도는 어떤가? 나의 평판은 어떤가?' 업무의 각 단계에서 스스로에게 이런 질문을 계속 던져보고 자신에게 솔직하게 대답해보자.

아직 당신이 자신의 분야에서 전문가가 되지 못했다면? 때때로 동료들에게 쿠키를 구워 선물할 필요가 있다. 앞서 이야기한, 의학연구소에서 같이 근무하고 있지만 아직 경험이 많지 않은 한 과학 프로그램 관리자는 이런 이야기를 했다. "저는 이 회사에 온 지 얼마 안 됐습니다. 같이 일하는 사람들 사이에서 좋은 평판을 쌓고, 제 분야에서 전문가가 될 시간이 충분치 않은 상황이죠. 하지만 문제는 제가 일을 하려면 주위 사람들에게 도움을 요청해야 한다는 겁니다. 그래서 저는 쿠키를 굽기로 했습니다. 사람들에게 쿠키를 선물하면서 매우 짧은 시간 내에 다양한 사람들과 튼튼한 업무관계를 맺을 수 있게 되었어요. 쿠키 한 접시의 위력은 정말 세더군요."

때로는 상사에게 힘을 실어달라고 부탁해야 할 때도 있다. 자원 계획은 상사와의 업무 관련 대화에서 지속적으로 논의해야 할 주제이지만, 특히 장애물을 만났을 때에는 반드시 상사와 논의해야 한다.

동료들에게 좋은 평판을 얻고 있는 과학 프로그램 관리자는 상사로 하여금 자신을 대신해 개입해달라고 요청하는 부분에 대해 다음과 같이 조언해주었다. "당신의 상사가 반드시 개입해야 하는 경우가 두 가지 있습니다. 첫 번째, 사람들이 당신을 잘 모르거나, 당신의 역할에 대해 잘 이해하지 못해서 당신에게 필요한 도움을 주지 않을 때. 두 번째, 당신이 정보나 문서를 얻어야 할 대상이 직접 접촉하기에는 좀 부담스러운 고위급 임원이어서 자꾸 독촉을 하거나 압력을 가하기가 어려울 때."

# 가능한 차선책을
# 준비하라

●
●
●

일을 하기 위해 필요한 자원에 접근할 수 없다면 어떻게 해
야 할까? 좌절하며 두 손 놓고 앉아 "내가 할 수 있는 일은 아무
것도 없어!"라고 투덜대야 할까? 물론 그렇지 않다. 이런 태도는
그야말로 스스로의 무능력을 만방에 고하는 일이다. 절대 이런
말은 하지도 말고 생각하지도 마라.

프로젝트를 완수하는 데 필요한 자원들을 얻을 수 없다면 그
자원 없이도 최대한 목표를 달성할 수 있는 방법을 찾아야 한다.
즉, B안이 필요한 것이다. 중요한 업무를 성공적으로 해낸 사람
들은 대부분 '차선책'에 대해 항상 고민한다.

소규모 극장에서 오랫동안 일해온 한 프로듀서의 이야기를 들어보자. "어떤 상황에서든 공연을 무대에 올려야 한다는 것은 반드시 지켜야 할 일이죠. 하지만 우리 극장은 크기가 작은 편이기 때문에 대부분의 경우 공식적인 대역을 마련해놓을 수가 없습니다. 그래서 모든 공연을 할 때마다 비공식적인 대역을 정해놓으려고 노력합니다. 뭐, 공연이 펑크 나는 일이 자주 일어나는 것은 아니니까요. 그래서 누군가 갑자기 못 오게 되면 다른 연기자가 곧바로 대본을 손에 들고 펑크 낸 사람의 대사를 외워야 합니다. 동일한 장면에 같이 나와야 하는 상황이라면 또 다른 연기자에게 도움을 청하죠. 그러다 보니 어떤 때는 젊은 여배우가 할아버지 역할을 해야 할 때도 있어요. 어떤 때는 스태프를 활용하기도 하고, 대본을 들고 서 있으면서 대사를 읽어주도록 하기도 해요. 이상적인 해결책은 아니죠. 하지만 때로는 그런 비상책도 써야만 해요. 어쨌든 공연은 해야 하니까요."

이와 같이 드라마틱한 차선책을 써야 할 때도 분명히 있다. 따라서 B안이 필요할 때가 되면 반드시 상사와 함께 논의해서 도움을 받는 것이 좋다. 가능한 한 자원 계획의 초반에 미리미리 가능한 차선책을 마련해놓고, 각 단계마다 세부내용에 대해 의논하자. 최선의 노력을 다해도 필요한 자원을 얻을 수 없을 때에는 어떻게 해야 할지 미리 생각해놓아야 한다.

자원에 대한 차선책을 찾을 때는 크게 네 단계의 작업을 진행하는 것이 좋다.

1단계, 차선책으로서의 자원을 알아볼 수 있는 곳을 찾아보자. 연구보고서를 쓰는 데 필요한 책을 도서관이나 서점에서 구할 수 없다면 다른 서점을 찾아가거나 온라인 중고서점이라도 뒤져야 한다. 그러한 일을 하는 데 필요한 비용의 상한선과 여유 시간을 확인해놓자.

2단계, 차선책으로서의 자원을 찾자. 앞에서 소개한 연극 프로듀서의 사례와 같이 원래 역할을 맡은 배우가 나오지 않을 경우 대역배우를 찾아야 한다. 정해져 있는 대역배우가 없다면 다른 배우라도 무대에 세워라.

3단계, 처음에 필요로 했던 자원을 포함시키지 않고 과제를 완료할 수 있는 방법을 찾아라. 자원 부족 문제를 혁신적으로 해결할 수 있는 방법을 한 가지 사례를 통해 살펴보자. 이 사례는 북적거리는 식당에서 즉석요리 전문가로 출발해 지금은 사업가가 된 사람의 이야기다.

"그때 우리 식당의 메뉴에는 튀김 요리가 많았습니다. 그래서 대부분의 음식들을 그 자리에서 바로바로 튀겨야 했지요. 그런데 튀김기계가 너무 오래돼서 문제가 많았습니다. 식당 주인은 너무 짠돌이여서 절대 그 기계를 바꿔주지 않으려 했어요. 결국 30분가량 튀김기계가 멈춰버리는 사태까지 발생했습니다. 감자튀김과 양파링, 치즈스틱과 치킨텐더 없이 점심시간을 채워야 할 상황이 된 거죠. 그때 저는 그리들(griddle, 요리용 철판)로 튀김을 만드는 방법을 생각해냈어요. 그리들에 기름을 들이붓고는 미친 듯이 모든 것을 튀겨내기 시작했지요. 튀김기계가 고쳐질 때쯤 되자 사람들은 감자튀김, 양파링, 치즈스틱, 치킨텐더는 그리들에서 요리를 해달라고 부탁하더군요. 결국 그리들에서 요리된 음식이 더 맛있었던 거예요."

"필요는 발명의 어머니"라고 한다. 당장 필요한 자원을 얻을 수 없다면 다른 방법으로 그 일을 해낼 방법을 찾아야 한다. 어쩌면 조금 다른 방법으로 접근했을 때 더 좋은 결과를 얻을 수도 있다.

4단계, 때로는 필요한 자원 없이, 당신이 열심히 노력하는 것 외에는 다른 방법이 없을 때도 있다. 더 많은 시간과 에너지를 들여 자원의 부재를 메워가야 하는 것이다. 이 방법을 무시하지 마라. 왜냐하면 너무나 많은 상황에서 유일한 차선책이 바로 이것이기 때문이다. 더 열심히 노력하라!

# 상사 개입의
# 중요성

●
●
●

생각보다 많은 상사들이 프로젝트와 과제를 완수하는 데 필요한 자원을 당신 스스로 알아서 구하기를 바란다. 상사를 관리할 때 가장 중요한 것은 상사에게서 필요한 도움을 얻는 것이다. 당신 스스로 필요한 자원을 얻을 수 없거나 차선책을 마련해야 할 때 상사의 관심을 끌기 위해 노력하는 것은 매우 중요하다.

혹시라도 상사가 별 관심을 보이지 않고 도와주려 하지 않는다면 모든 의사결정의 각 단계마다 상사에게 보고하라. 그래야만 당신이 어떤 행동을 했을 때(현재 얻을 수 없는 자원을 찾고, 다른 부서의 동료에게 협조를 요청하고, 차선책을 수립했을 때) 상사가

놀라지 않을 수 있다. 당신이 결정한 내용에 대해 상사와 많이
이야기할수록 상사와 복도에 서서 얼굴을 붉히며 목청 높여 싸
울 가능성은 더 낮아질 것이다.

PART
7

# 성과를 기록으로
# 남기고 점검하라

자신의 성과를 관리하는 노하우 · 성과를 기록하는 것의 효과 · 자신의 행동을
모니터링하라 · 성과를 평가할 수 있는 발판을 마련하라 · 자신의 성과를 기록하
고 보고하라 · 업무과정을 간단하고 효율적으로 만들어라 · 언제 성과 기록을 남
겨야 하는가?

# 자신의 성과를
# 관리하는 노하우

● ● ●

"이번에 새로 오신 부장님은 제가 어떤 사람인지, 제가 지금 어떤 일을 하고 있는지 너무나 잘 알고 계시고, 저를 정말 신경 써서 돌봐주세요." 누군가에게 이런 식의 이야기를 들어본 경험이 있는가? 이런 상사는 부하직원이 과거에 어떻게 일해왔는지, 현재는 어떻게 일하고 있는지, 그리고 미래에는 어떻게 일할 예정인지를 아는 사람이다. 일을 할 때는 철저하게 체계를 잡고, 정확한 기록을 남기고, 부하직원에게 지속적으로 동기부여를 해준다. 또한 모든 행동과 말을 통해 부하직원과, 부하직원이 하는 일이 중요하다는 것을 상기시켜준다.

　반대로 부하직원이 매일 어떤 일을 하는지 신경 쓰지 않는 상사와 같이 일해본 적이 있는가? 이런 상사는 부하직원이 어떤 일을 하는지, 왜 그 일을 하는지 전혀 알지 못하는 사람이다. 미래에는 어디로 나아가야 할지 생각하지 못하고, 부하직원의 업무에 전혀 관여하지 않는 이런 상사는 부하직원이나 부하직원의 일이 얼마나 중요한지 절대 이야기해주지 않는다.

우리는 어떤 상사와 함께 일하든 간에 자신의 성과를 기록으로 남길 수 있도록 반드시 신경 써야 한다. 매일의 성과를 자세하게 기록해둔다면 중간평가나 연말평가 때 전혀 놀랄 일이 없을 것이다. 자신의 세부적인 성과를 잘 파악하고 있는 조직 구성원에게는 상사와 동료들이 자기주도형 인재라고 엄지손가락을 들어주므로 조직 내에서 매우 큰 힘을 가지게 된다.

자기주도형 인재들은 몇 개월이나 1년에 걸쳐 자신의 과제와 프로젝트 성과에 대해 뒤돌아보면서 계속해서 기록을 남기는 편이다. 일을 할 때에는 항상 계획을 세우고, 정기적으로 업무 목표와 마감일에 대해 수정 및 보완을 한다. 지속적으로 작업내역을 체크하고, 모든 업무의 단계에서 필요한 내용을 메모하곤 한다. 그들의 모토는 "제가 기록하겠습니다"라고 할 정도다. 기록을 하는 데 있어서는 철저하고 체계적으로 정리해 정확한 내용을 적으려 애쓴다. 그리고 그 기록을 상사와 대화하는 데 활용하곤 한다. 그들의 관리자들은 자신이 직접 적은 것보다 이 고성과자들의 기록을 더 신뢰할 정도다.

반대로 자신의 생활을 매일 기록하지 않는 조직 구성원들은 바로 어제 어떤 일을 했는지도 잘 기억하지 못하고, 몇 주 전/몇 개월 전의 성과는 아예 머리에서 지워버리는 편이다. 업무를 할 때 계획을 세우는 일이라곤 없으며 목표와 마감일은 별로 신경 쓰지 않는다. 스케줄과 작업내역은 이 사람의 생활에 존재하지 않으며, 그의 책상 위를 보면 복잡하게 서류 더미가 잔뜩 쌓여 있는 경우가 많다. 기록을 하는 때는 거의 없으며, 어쩌다가 무언가를 적는다 해도 끄적끄적 낙서 수준에 가까워서 나중에 도저히 알아볼 수가 없다. 그리고 그 기록들은 대부분 책상 위에 쌓여 있는 서류 더미 안으로 들어가 앉아 있다. 이런 구성원들은 일상적인 업무에 대해서도 시시때때로 상사에게 전화를 하고 이메일을 보내고, 다시 상사를 찾아가 어떻게 일해야 하는지 묻는다. 상사의 지시사항을 쉽게 잊어버리기 때문에 일에 구멍이 숭숭 뚫려 있는 경우가 많다. 이런 사람들과 이야기를 해보면 이전에 어떤 논의가 있었는지 제대로 기억하지 못한다는 것을 알 수 있다. 중간평가나 연말평가 때(지속적인 성과물 평가는 제쳐두고라도) 이 구성원들은 자신이 받은 평가 결과를 보고 깜짝 놀라기 일쑤다. 상사나 동료들도 이들을 낮은 성과자라고 평가하기 때문에 조직 내에서 별다른 파워를 갖지 못한다.

당신은 어떤 유형의 구성원인가? 자신이 하는 일을 잘 이해하고 있는가, 아니면 자신의 업무에 대해 별로 신경 쓰지 않고 있는가? 아마 대부분의 사람들이 중간 정도라고 생각할 것이다.

자신의 성과를 관리할 때 다음과 같은 팁을 활용해보기 바란다. 우선 성과관리를 위해 꾸준히 기록하는 것이 좋다. 스케줄을 정확하게 지키면 각각의 업무에 소요된 시간을 지속적으로 파악하기가 쉽다. 체계적으로 폴더를 만들어서 자신이 받은 이메일과 발송했던 이메일을 보관하는 것도 바람직하다. 그렇게 되면 업무와 관련된 통계수치를 계산하기도 쉽다. 예를 들어 영업사원이라면 영업했던 전화 건수, 통화 내용, 통화 이후 보냈던 자료, 계약서, 입금내역, 주간·월간 영업보고서 등을 파악해볼 수 있다. 또 업무지원센터에서 근무하고 있다면 받은 전화 건수, 해결하지 못한 건수, 해결한 건수 등을 계산할 수 있다.

이와 같이 업무의 성과 기록을 컴퓨터로 분석하면 쉽게 정리할 수 있는데도 대부분의 사람들이 일상생활의 성과를 관리하지 않는다. 그리고 관리자들 또한 부하직원의 성과 변화에 대해 기록하거나 관리할 생각을 거의 안 하는 편이다. 대부분의 상사들은 문득 생각이 났을 때 급작스럽게 부하직원의 성과를 챙긴다. 어느 날 우연히 부하직원이 일하는 것을 보았을 때, 부하직원의 최종 성과 보고서를 받았을 때, 엄청난 성공을 거두거나 엄청나게 큰 문제가 생겼을 때 비로소 눈여겨보는 것이다.

사실 대부분의 상사들은 필수적으로 해야 하는 상황이 아니라면 부하직원의 성과에 대해 거의 기록하지 않는다. 따라서 최소한의 공식적 보고서 이외에는 보관되어 있는 기록이 없다. 그러다 보니 관리자들이 일상생활에서 통제관리가 가능한 업무행동에 대해서는 별로 알고 있지 못하다.

# 성과를 기록하는
# 것의 효과

우리가 스스로의 성과를 철저하게 관리하게 되면 다음과
같은 효과를 얻게 된다.

- 업무를 하는 데 필요한 지원, 방향 제시, 업무훈련, 코칭을 받을
  수 있다.
- 필요한 자원을 파악하고 요청할 수 있다.
- 업무의 각 단계에서 상사와 합의한 기준과 비교하여 성과를 평
  가해볼 수 있다.
- 상사에게 성공적인 성과를 인정받을 수 있고, 앞으로 일어날 문
  제점을 예측해볼 수 있으며, 문제를 해결하는 데 있어서 상사의

도움을 받을 수 있다.

- 업무를 계획하고 지속적으로 수정 및 보완할 수 있다.
- 큰 야망과 깊은 의미를 담은 목표와 마감기한을 수립할 수 있다.
- 더 많은 업무권한을 얻게 된다.
- 상사에게 정확한 내용의 성과보고서를 정기적으로 제출할 수 있다.
- 상사가 당신의 성과를 높이 평가해 더 많은 보상을 제공하게 된다.

이와 같이 자신의 성과를 기록하고 관리하기 시작하면 모든 상사와 동료들과의 업무관계에서 존경을 받게 되고 파워를 얻을 수 있다. 지속적인 성과 기록이 있으면 더 많은 권한을 가질 수 있고, 더 나은 개인적 의사결정을 내리게 되며 모든 일에 있어서 더욱 효과적으로 행동할 수 있다. 자신에 대해서도 더 명확하게 기대할 수 있으며, 상사로부터 성공에 필요한 도움도 얻을 수 있다. 더욱 중요한 일을 맡아도 생산성 수준을 급격하게 상승시킬 수 있으며 실수할 가능성도 줄어들게 된다. 만약 일이 잘못된다 해도 언제, 어디서, 어떻게 잘못되었는지 정확하게 파악할 수 있으며 당신이 업무의 각 단계에서 최선을 다해 일하고 있다는 것을 사람들이 알아줄 것이다. 그리고 기대된 수준 이상으로 좋은 성과를 올렸을 때에는 세부적인 내용을 적은 기록을 만들어 더 많은 성과를 얻게 될 것이다.

이와 같이 좋은 평판을 많이 얻을수록 당신에 대한 신뢰도 또한 상승될 것이다. 그렇다고 당신이 잘 모르는 일에 대해서도 아는 척해야 한다는 것은 아니다. "철저하고, 체계적으로 일하며, 책임감이 높고 아는 것이 많다"는 평판을 얻는다는 것은 오히려 당신이 무엇인가를 잘 알지 못할 때 자연스럽게 인정받을 수 있다는 것을 의미한다. 당신이 어떤 것에 대해 질문을 하거나, 조심스럽게 어떤 지식에 대해 알아본다고 해서 그 누구도 당신을 멍청하다고 생각할 리 없다.

마찬가지로 자신의 성과(상, 중, 하 수준 모두)에 대해 정기적으로 솔직하게 평가 및 관리하고 보고한다는 좋은 평판을 얻을수록 당신의 신뢰도는 높아질 수밖에 없다. 당신이 스스로 믿을 만한 사람이라는 것을 증명하면 상사는 당신의 상황 해석에 대해 더 많이 신뢰하게 된다. 평소에 자신의 일에 대해 지속적으로 확인하고, 세부사항들을 기록하며, 솔직하게 성과를 보고하는 사람이라는 사실을 상사가 안다면 당신의 일에 사사건건 간섭하는 일은 없을 것이다.

한 자동차부품회사의 팀장들을 관리하는 재고 관리자에게 이런 이야기를 들었다. "저는 각 팀장들의 담당 업무에 대해 현장검사를 하는 것이 중요하다고 생각합니다. 현장검사를 하지 않는 팀장이 있냐고요? 물론 팀장들이 꼼꼼하고 세심하게 일을 한다면 이런 검사를 자주 할 필요는 없습니다. 어떤 팀장은 매일 고객의 주문내역과 스케줄을 인쇄해놓습니다. 그 안에서 아주 사소한 문제라도 생기면 문제를 해결하기까지 절대 집에 갈 생각을 하지 않지요. 그러면서 저에게 바로 보고를 해줍니다. 이런 팀장을 제가 왜 자꾸 귀찮게 하겠습니까? 그에게는 별로 간섭할 필요가 없어요. 하지만 일부 팀장들에 대해서는 매일 현장검사를 합니다. 특히 무슨 문제가 생겨도 구석에 쑤셔넣고 모르는 척 하는 사람들의 경우 더 그렇죠. 제가 점검을 해보면 항상 문제점이 발견돼요. 그러면 저는 그 팀장들에게 곧바로 이야기를 해줍니다. 그러면서 제가 항상 그들을 지켜보고 있다는 사실을 확실하게 인식시키는 거죠."

상사가 당신에 대해 꼼꼼하고 믿을 만한 사람이라는 생각을 하기 바란다면 당신의 성과를 매일 점검할 수 있는 시스템을 만드는 것이 좋다. 지속적으로 기록을 남기면 당신의 업무관리를 더욱 생산적으로 만들 수 있다. 상사가 당신에게 어떤 기대를 하는지, 어떤 성과를 바라는지에 대해 단순히 이야기하는 것만으로는 충분치 않다. 업무의 각 단계에서 세부적인 사항들을 기록하면 상사들과 논의하기가 더 쉬워진다. "부장님, 제가 업무과정을 제대로 이해하고 있는지 좀 확인해보고 싶습니다. 이것이 제가 기록해본 내용인데요, 부장님이 생각하시는 것과 동일한지 한번 봐주시면 감사하겠습니다."

성과 기록은 당신과 상사가 동일하게 업무에 전념할 수 있도록 도와주는 파워풀한 도구다. 기록 내용을 공유하면서 이후 의견이 충돌해 생길 수 있는 갈등도 막을 수 있다. 자신에게 주어진 기대 내용을 잘 기록하면 그에 맞춰 일에 전념하고 싶은 의욕도 더 높아진다. 또한 상사는 일상의 일반적인 통계수치(성과와는 별로 상관없는)가 아닌 실제 업무행동을 지켜보면서 기대사항을 명확히 전달할 수 있게 된다.

성과 기록은 스스로를 평가하는 데에도 도움이 되고, 상사에게 자신의 업무를 체계적으로 보고하는 데에도 도움이 된다. 또한 업무진행상황에서 갈등이 발생할 때에는 당신과 상사의 성과를 공정하게 평가하는 증거자료로도 활용될 수 있다. 이와 같이 자신의 성과를 기록하는 것은 스스로의 업무를 관리하는 데 있어 매우 중요하다. 상사의 피드백을 기록하면서 자신을 지속적으로 평가하다 보면 시간이 갈수록 상사는 당신에게 좋은 인상을 받게 될 것이다.

상사에게 다음과 같은 이야기를 들었다고 해보자. "A, B, C에 대해서는 아주 잘했네. 그런데 D에 대해서는 D3, D4, D5을 제대로 하지 못했네." 그러면 당신이 다음으로 초점을 맞춰야 할 목표는 D3, D4, D5라는 것을 알게 될 것이다. 이러한 상황에서는 바로 D3, D4, D5에 대해 상사와 논의를 해야 하며, 그 항목들을 완료하기 위해 필요한 것이 무엇인지 알아내야 한다. 그렇게 D3, D4, D5에 대한 단계적인 체크리스트를 만들면 그것을 활용해 품질관리를 할 수 있다. 또한 그 자료는 나중에 상사와 함께 D3, D4, D5에 대한 성과를 검토할 때에도 근거자료로 사용될 수 있다.

# 자신의 행동을
# 모니터링하라

흔히 관리자들은 부하직원의 행동들 중 쉽게 눈에 띄는 것들을 모니터한다. 출근시간이나 업무일지, 주간보고서와 같이 자동으로 받게 되는 것들이 있는데 이런 자료에는 실제로 근무시간 동안 당신이 하는 일들이 구체적으로 나타나 있지 않은 경우가 많다. 현실적으로 구체적인 행동을 파악하면 당신의 성과를 좀 더 잘 알게 되겠지만 더 많은 노력이 요구되는 것이 사실이다. 이렇게 상사가 자발적으로 당신을 관리해주지 않는다면 당신이 상사를 도와주어야 한다. 그리고 스스로도 자기 자신을 모니터링해야 한다.

어느 현명한 관리자 한 사람이 나에게 이런 이야기를 해주었다. "자신의 성과를 기록해서 모니터링하면 스스로의 강점과 약점에 대해 더 잘 파악할 수 있습니다. 상사에게 오늘 어떤 일을 했는지에 대한 질문을 받으면 어떤 이야기를 할지 어렵지 않게 대답할 수 있고요. 자신이 하는 일과 일하는 방식의 강점과 약점을 정확하게 알면 모든 것이 매우 명확해집니다. 일이 잘못되어 가고 있으면 상사나 본인 둘 중 하나가 금방 알아채고 바로 어떤 조치를 취할 수 있게 되지요. 성과 기록을 하기 전에는 더 많은 문제들이 존재했고, 오랫동안 발견되지도 않았는데 말이에요. 이런 점이 성과 기록의 놀라운 점이지요."

제이크는 한 의학연구회사의 임상실험연구소에 갓 입사한 야망 넘치고 열심히 일하는 직원이었다. 그의 업무는 실험 물질이 도착하면 접수절차를 밟는 것으로 이전 회사에서 하던 일과 비슷했다. 그런데 근무 첫날 사고가 터졌다. 제이크는 이전 회사에서 하던 업무절차대로 새 회사에서도 일하면 된다고 생각했다. 그래서 접수절차를 교육하는 상사에게 어떻게 일해야 하는지 잘 알고 있다고 이야기했다. 하지만 실상은 그렇지 않았다고 한다.

"임상실험을 할 때에는 접수양식을 제대로 채우는 것과 같이 사소한 일부터 미리 정해진 대로 실행하는 것이 매우 중요합니다. 사소한 과정이라도 제대로 하지 않으면 실험 결과가 정확히 나오지 않아요. 그런데 제가 시도했던 단계들은 이전에 사용되었던 접수절차와 맞지 않았습니다. 그러다 보니 당연히 실험 결과는 제대로 나오지 않았지요.

저는 정기적으로 상사와 미팅을 할 때마다 모든 일이 잘 돌아가고 있다고 이야기했습니다. 하지만 3주 후 상사는 제 보고서를 확인해보더니 잘못된 점을 짚어냈습니다. 너무나 당황스러웠습니다. 몇 주 동안 해온 일이 완전 쓸모없게 되어버렸으니까요. 이 경험을 통해 저는 정말 중요한 점을 배웠습니다. 제 상사도 마찬가지고요. 상사와 함께 모든 세부사항들을 점검해보고 면밀히 들여다보지 않으면서 모든 일이 순조롭게 돌아간다고 이야기해서는 안 됩니다. 제가 상사에게 조금만 더 일찍 제 보고서를 봐달라고 요청하고, 제가 옳은 방향으로 진행하고 있는지 확인만 했다면 실수가 있었던 바로 그 다음 날 모든 것을 바로잡았을 겁니다."

제이크의 성과를 더 면밀하게 점검하고, 일이 제대로 돌아가고 있는지 체크하는 것은 상사의 책임 아니었을까? 이에 대해 제이크는 다음과 같이 말했다. "그럴지도 모르겠네요. 하지만 우리 둘 다 대가를 치러야 했습니다. 사람들은 우리 둘 모두에게 좋지 않은 평가를 내렸으니까요."

만약 상사가 당신의 성과를 제대로 점검하지 않는다면 그가 당신의 성과를 모니터해주도록 도와야 한다. 자, 이제 구체적인 방법을 몇 가지 소개해보겠다.

## 정기적으로 일의 진행상황을
## 나타내는 초안이나 샘플을 제출하라

제이크의 사례를 보면 중간보고가 얼마나 중요한지 알 수 있다. 당신이 하고 있는 일이 상사의 기대에 부합하는지 확인하고 싶다면 정기점검일까지 기다리지 마라. 그때 가서 지금까지 해왔던 일이 모두 잘못되었다는 것을 깨닫는다면 큰 낭패다. 한 단계의 세부 성과가 나왔다면 일이 잘 되었는지 확인하기 위해 마감기한까지 기다릴 필요 없이 미리 상사에게 이야기해서 옳은 방향으로 진행되고 있는지 확인하라. 당신이 어떤 일을 했는지 설명하기보다는 초안이나 샘플을 보여주는 것이 좋다. 이렇게 말해보자. "제가 하고 있는 일의 샘플입니다. 좀 봐주십시오. 어떻게 수정, 보완하면 좋을까요?" 중간중간 상사와 이야기를 많이 하면 최종 마감일에 깜짝 놀랄 일은 벌어지지 않을 것이다.

상사가 당신의 업무를 점검해주는 기회를 갖는다면 어떤 문제가 숨어 있더라도 반드시 찾아내 해결할 수 있다. 예를 들어 당신이 데이터베이스를 관리하고 있다면 업무의 품질관리를 위해 상사에게 몇 개의 데이터를 무작위로 뽑아내 체크해달라고 부탁하라. 당신이 보고서를 쓰고 있다면 상사에게 보고서 초안을 검토해 달라고 요청하라. 당신의 업무가 영업용 전화를 하는 것이라면 전화 내용을 녹음해 상사에게 들려주고 개선점을 찾아달라고 부탁하라. 당신이 컴퓨터 프로그래머라면 지금까지 개발된 프로그램 초안을 검토해달라고 요청하라.

## 상사에게 당신의 일을 점검해달라고 부탁하라

상사가 당신에게 기대하는 과제 목표를 잘 달성했는지 확인하고 싶을 때(특히 당신이 최종 성과에 대한 책임을 지는 직급이 아닐 때) 가장 효과적인 방법 중의 하나는 관리자에게 당신의 일을 점검해달라고 부탁하는 것이다. 당신이 일하는 과정을 상사가 검토하게 되면 현재 하고 있는 일과 업무 진행방법에 대해 보다 명확하게 이해할 수 있기 때문이다.

예를 들어 당신이 고객 서비스 업무를 하고 있다면 상사에게 당신이 고객과 상호작용하는 것을 관찰해보고 조언해달라고 하는 것이 좋다. 이 방법이 고객들의 피드백을 받으려 설문조사를 하는 것보다 더 효과적이다. 즉, 특정 업무를 수행하는 데 어려움을 겪고 있다면 당신이 일하는 과정을 상사에게 검토해달라고 하는 것이 좋다. 상사가 능력 있는 사람이라면 분명 일을 더 잘할 수 있는 방법을 알려줄 것이다.

## 상사에게 당신의 성과에 대해 설명하라

상사와 1대1 대화를 할 때에는 지난번 미팅 이후 당신이 해온 일에 대해 다음과 같이 구체적으로 솔직하게 설명하는 것이 좋다. "지금까지 제가 해왔던 구체적인 업무들입니다. 업무내역은 ○○○이었고, 진행방법은 ○○○이었습니다. 부장님과 함께 합의했던 목표를 달성하기 위해 제가 밟아왔던 단계들은 ○○○입니다." 이렇게 자세하고 정직하게 설명을 하고 나면 당신과 상사는 다음 단계에 어떤 일을 할 것인지 보다 명료하게 결정할 수 있다. 상사에게 지속적이고 일관적으로 당신의 성과를 모니터하게 하는 것은 이제 당신이 정기적으로 해야 할 일이다.

## 자기점검을 할 수 있는 도구를 활용하라

상사에게 프로젝트 계획, 체크리스트, 활동일지와 같은 자기점검 도구를 적극적으로 점검받으면서 당신의 세부적인 행동들을 모니터하라. 프로젝트를 계획할 때 정한 목표와 마감일을 잘 맞추고 있는지의 여부를 확인하고, 정기적으로 체크리스트를 활용해 상사에게 보고하는 것이 바람직하다. 하루 종일 어떤 일을 하고 있는지(휴식시간 포함) 활동일지를 정확히 적어보자. 새로운 행동을 할 때마다 시간과 행동 내용을 기록해놓는 것이 좋다.

## 질문을 많이 하라

고객, 외부업체, 동료 등 당신이 함께 일하는 모든 사람들에게 당신의 성과에 대한 솔직한 피드백을 요청하라. 이메일을 보내 "제가 요새 어떻게 일하고 있다고 생각하십니까?"라고 질문하는 것도 좋다. 그 대답들을 모아 상사에게 전달해주자. 대부분의 상사들이 부하직원의 성과에 대해 가장 일관적으로 정보를 얻을 수 있는 창구는 다른 사람들의 말이다. 당신에 대해 사람들이 하는 이야기는 퍼지기 마련이다. 따라서 사람들이 당신의 업무에 대해 뭐라고 생각하는지를 알아야 하며, 그 자료로부터 피드백을 받아 자신을 개선시키는 데 활용해야 한다. 또한 상사도 주위 사람들로부터 당신에 대한 피드백을 받도록 해서 자기 자신에 대한 자료를 많이 수집해놓자.

# 성과를 평가할 수 있는
# 발판을 마련하라

●
●
●

당신이 일정 기간 동안 한 직장에서 일해왔다면 분명 연말 평가나 중간평가를 받을 기회가 있었을 것이다. 이런 평가방법은 많은 회사에서 공통적으로 활용하고 있지만 사실 많은 관리자와 부하직원들이 매우 부적절하다고 생각하고 있다. 공식적인 평가는 불공정한 데다가 관리자 마음대로 이랬다저랬다 한다는 평도 있다. 그래서 대부분의 평가들이 부하직원의 일상적이고 구체적인 행동들을 현실적으로 평가하는 데 실패하는 것이다.

정기적 평가에서 부하직원의 실제적인 성과를 측정하려면 관리자가 부하직원의 구체적인 행동에 대해 명확한 기대 수준을 수립해두고 지속적으로 평가해야 한다. 하지만 대부분의 관리자들이 꾸준히 축적해둔 자료가 별로 없기 때문에 평가양식을 대충 채워버리기 일쑤다.

당신의 성과에 대해 명확하고 공정한 평가를 받으려면 모든 상사들이 미리 합의해놓은 기준에 맞춰 당신의 행동을 점검하도록 도와주어야 한다. 지속적으로 상사와 대화를 할 때에는 다음과 같은 질문을 활용하면 좋다.

- 모든 목표를 달성했는가? 당신에게 배정된 모든 과제들을 완료했는가? 합의된 수준 이상으로 성과를 올렸는가?
- 상사에게 받은 가이드라인과 설명에 맞게 일을 완료했는가? 표준운영체계를 따랐는가? 품질기준을 높이려 노력했는가?
- 초반에 설정된 마감기한을 맞추었는가? 계획한 것보다 신속하게 일을 진행했는가?

지금까지 상사가 정기적으로 당신의 구체적인 행동을 모니터하고 평가하며 기록에 남기는 것을 도와왔다면, 위의 질문들에 대답하는 것만으로 정기평가를 할 수 있을 것이다. 이를 통해 상사가 당신의 실제적인 성과와 관련된 가장 중요한 자료들을 얻을 수 있기 때문이다. 물론 상사는 다음의 자료들에서도 엄청난 정보를 얻을 수 있다. 일별 · 주간별 · 분기별 · 연간 보고서, 출근시간, 작업에 소요되는 시간, 고객의 불만, 영업실적 등. 상사가 이런 정보들을 이용할 수 있는 것은 당연하지만, 가장 중요한 것은 이러한 통계수치들이 당신의 실제 성과에 대해 어떤 것을 이야기하는지 상사가 명확히 이해하도록 하는 것이다.

예를 들어 영업통계는 성과를 평가하는 데 있어 가장 먼저 살펴봐야 할 자료지만 항상 그런 것은 아니다. 만약 당신이 시장에서 전혀 알려져 있지 않은 상품을 팔아야 한다거나 상품에 별로 관심 없는 고객들을 상대해야 한다고 상상해보라. 그런데 당신의 동료는 시장에서 이미 잘 알려져 있고, 계약이 보장되어 있는 고객을 상대하고 있다. 이때 동료의 실적은 당신의 실적보다 훨씬 더 높겠지만, 그것은 당신이 통제할 수 없는 이유 때문이다. 이러한 경우 영업수치만 가지고서는 당신의 성과를 평가할 만한 정확한 정보를 얻기가 어렵다.

상사가 당신의 성과에 대해 더 명확하게 평가하기 위해서는 어떻게 하면 좋을까? 우선 매일 당신이 시도했던 통화 건수에 대해 이야기해볼 수 있다. 그 행동들은 적어도 당신이 통제관리 할 수 있는 것이기 때문이다. 하지만 당신의 성과를 더 정확하게 평가하려면 당신이 전화를 할 때 어떻게 행동했는지 상사가 점검해볼 수 있어야 한다. '전화를 할 때 잠재고객의 이야기를 중간에 끊지 않고 끝까지 들어주었는가?' '영업지침서의 내용을 충실하게 전달했는가?' '고객의 질문에 적절하게 응답했는가?' '영업 대화를 효과적으로 마무리하였는가?' 이런 유형의 질문들

은 당신의 성과를 측정하는 데 도움이 될 것이다. 상사가 당신의
성과를 정확하게 평가할 수 있도록 이끌 사람은 바로 당신이다.

# 자신의 성과를
# 기록하고 보고하라

●
●
●

많은 관리자들이, 꼭 필요한 상황이 아니면 절대 부하직원
의 성과를 기록하지 않는다. 사실 의도하지 않아도 자동적으로 기
록되는 자료들(회의록, 공문, 최종 결과 보고, 이메일)이 아니라면 당
신의 일상적인 업무는 대부분 문서화되지 않는다.

　당신의 공식적인 인사 파일은 중간평가와 연말평가 결과, 매년
업데이트되는 육성 계획, 평가 순위, 보너스와 보상 기록들, 그리
고 공식적인 위법행위들로 채워지는 경우가 많다. 그런데 관리자
들은 일을 하면서 무작위로 이 문서를 보관해둔다. 이메일을 예
로 들어보자. 당신이나 상사가 인식을 하든 안 하든 이메일에는
매일 당신의 성과 내역이 남는다. 당신이 상사와 주고받은 이메

일에는 기대사항을 명료화한 기록들, 진행되고 있는 작업내역에 대한 평가, 당신의 업무에 대한 칭찬이나 비난이 담겨 있기 때문이다. 이러한 사실을 잘 기억하고 폴더를 잘 정리해서 이메일 내역을 저장해놓도록 하자.

관리자들은 도대체 언제 문서를 관리하는 것일까? 안타깝게도 부하직원이 일정 기간 동안 심각한 문제를 보이기 전까지는 절대 그런 일이 일어나지 않는다. 이 정도 상황이 되면 인사팀에서 관리자들에게 부하직원의 문제행동을 기록하는 공식 과정을 밟으라고 요구한다. 관리자가 적법한 징계절차를 밟기 위해 그러한 과정이 필요하기 때문이다. 이때 관리자는 부하직원의 문제행동에 대한 요청과 경고들을 보낸 날짜와 시간을 기록해놓는다. 대부분 두 번째나 세 번째 경고 후 관리자는 부하직원을 '성과개선프로그램(Performance Improvement Plan ; PIP)'에 참여시킬 수 있다.

성과개선프로그램의 진행 과정은 다음과 같다. 먼저 관리자는 부하직원과 미팅을 가지면서 부하직원에게 명확한 기대사항을 제시하고, 성과 개선을 위한 계획을 수립한다. 최종 목표는 구체적인 단계들과 작업내역들로 구성하고, 마감기한을 명확히 정한다. 지침서의 내용과 평가 기준에 대해서도 명료하게 설명한다. 매주 또는 매일, 관리자는 부하직원과 함께 완료된 성과들이 성과개선프로그램에서 합의된 목표 기준에 적합한지 평가해본다.

즉, 이 과정에서는 부하직원과 관리자가 함께 문제가 생기기 전에 미리 각 단계마다 성과를 검토할 수 있는 것이다.

문제가 생길 때까지 기다리지 말고 성과개선프로그램을 활용해보라. 원한다면 프로그램 이름을 다르게 불러도 된다. '지속적인 개선프로그램'은 어떨까? 뭐라고 부르든 간에 이 프로그램은 상사가 매 단계 당신의 성과를 기록에 남길 수 있는 훌륭한 양식을 제공해준다.

상사와 함께 당신이 통제할 수 있는 범위 내에서 성과에 대한 기대사항을 명료화해보자. 작업내역을 하나씩 실행해가면서 기록을 남기고, 각각의 목표를 달성하고 마감기한을 맞추기 위해 노력하는 것이다. 상사에게 당신의 구체적인 행동들이 언제 어떻게 합의된 기대 수준에 도달했는지 정기적으로 보고하라. 그리고 상사가 당신의 성과에 대해 매 단계 기록을 남길 수 있도록 도와주자.

# 업무과정을 간단하고
# 효율적으로 만들어라

●
●
●

당신은 모든 상사를 위해 자신의 업무를 문서화하는 관리체계를 만들 필요가 있다. 이때 가장 피해야 할 것은 모든 일의 진행을 느리게 만드는 쓸데없는 문서 작업들이다. 문서관리체계는 매우 간단하고 효율적이며 활용이 손쉬워서 당신과 상사가 모두 거리낌 없이 사용할 수 있어야 한다. 예를 들어 과제의 내역, 수립된 목표, 합의된 가이드라인, 중간 검토 일정, 최종 마감일, 작업목록, 구체적인 행동들을 노트북이나 일지에 적어보는 것이다. 업무성과를 관리할 수 있도록 체크리스트와 같은 도구도 포함시켜라. 당신이 보고해야 할 상사가 여러 명이라면 각각의 상사에 맞게 보고체계를 따로 만들자. 동일 업무를 계속 맡게 된다면 그 업무에 대한 보고체계도 필요하다. 모든 업무의 진행 과정을 간소하게 만들고, 손쉽게 문서로 관리할 수 있는 방법을 찾는 것이 좋다.

전자도구를 활용해 관리를 하고 싶다면 데이터베이스와 스케줄 프로그램을 활용해 각각의 상사와 각각의 업무에 맞는 기록표를 만들어보자. 새로운 업무를 배정받거나 기존의 업무에서 변화가 생길 때마다 전자도구에 필요한 정보들을 입력하는 것이다. 각각의 상사와 각각의 과제들에 맞는 보고 및 운영체계를 만들어서 지속적으로 업무 기록을 남겨라.

전자도구를 활용하다 보면 당신의 문서체계가 더욱 논리적이고 조직적으로 변화할 것이다. 모든 기록들이 저장되고, 자동적으로 일정관리가 될 것이기 때문이다. 당신과 상사가 주고받은 메시지들은 당신의 성과에 대한 자료로서 보관될 것이고, 이는 보고 체계에도 활용될 수 있다.

당신이 직접 노트에 기록하든, 전자도구를 사용하든 간에 다음과 같은 정보들은 반드시 기록되어야 한다.

- 기대사항: 명료화된 목표와 요구사항들, 제공된 지시사항들과 작업내역, 표준업무진행 과정과 규정, 가이드라인, 마감일과 스케줄표
- 구체적 행동: 작업내역의 각 항목을 완료하고, 각각의 목표를

달성하고, 각각의 마감일을 맞추기 위해 취한 구체적인 행동들
- 평가: 당신의 구체적인 행동들이 어떻게 기대 수준에 맞아떨어졌는가? 요구 수준에 도달했는가, 아니면 그 이상까지 이루었는가? 지시사항이나 표준업무진행 과정 및 규정을 준수했는가? 제시간 안에 목표를 달성했는가?

이렇게 자신의 행동들을 추적하다 보면 자신의 업무성과에 대해 실시간으로 기록을 남길 수 있다. 단, 상사나 동료, 고객, 업체, 업무에 관련된 사람들에 대해 개인적으로 느끼는 감정은 절대 기록으로 남기지 마라. 오직 당신의 일, 일에 대해서만 적어야 한다.

기록을 할 때에는 구체적인 단어를 사용하라. '세 명의 지원자를 면접할 때 인터뷰 가이드라인의 단계를 밟았다', '마감기한 3일 전에 ○○○ 프로젝트의 최종 보고서를 제출했다' 와 같이 말이다. '미적거렸다', '성공적이었다', '좋았다', '대충 했다', '불완전했다', '어려웠다' 등 의미가 모호하거나 지나치게 범위가 넓은 용어는 사용하지 않는 것이 좋다. 목표나 가이드라인, 마감기한을 특별히 명확하게 기술해놓아야 한다.

# 언제 성과 기록을
# 남겨야 하는가?

●
○
●

상사와 1대1 면담을 할 때 기록을 하는 것은 필수다. 미팅이 끝난 직후에도 요약정리를 하라. 다음 미팅이 있을 때까지 자신이 한 행동의 결과를 정리하자. 다음 미팅에 보고하거나 질문하고 싶은 것이 있으면 그것도 적어두자.

1대1 면담 직전에는 지난 미팅 때 적은 기록을 점검하고, 이번 미팅에 필요한 내용을 정리해두자. '지난 미팅 이후 당신과 상사가 어떤 성과를 올렸는가?' '상사에게 보고할 당신의 구체적인 행동들은 어떤 것인가?' '다음 단계로 나아가기 위해 더 파악해야 할 사항들은 무엇인가?'

상사와 이야기를 할 때에는 당신의 기록을 함께 공유해보자.

당신이 기록한 것들을 상사에게 보여주고, 당신에 대한 기대사항을 명료화하는 것이다. 그렇게 하면 상사는 당신이 이 과제의 세부적인 사항과 지침을 어떻게 이해하고 있는지 파악할 수 있고, 오해가 있을 경우 바로 수정할 수 있다. 서로 어떤 것을 기록하고 있는지도 물어볼 수 있다. "저는 이 부분을 적었는데, 부장님은 어떤 것을 적으셨나요? 부장님과 제가 같은 생각을 하고 있는지 확인해보고 싶습니다."

언제 성과에 대한 기록을 해야 되냐고? 정답은 간단하다. 업무의 모든 단계마다 해야 한다.

# 신뢰와 보상을
# 얻기 위한 도약

# 고성과자에 대한
# 불편한 진실

●
●
●

해마다 연말이 되면 많은 직장인들이 성과평가가 어떻게
나올지 궁금해한다. '과연 상사는 나에게 몇 등급을 주었을까?'
'인센티브나 보너스는 있을까?' 당신의 상사가 일반적인 관리자
라면 성과평가 양식을 채워내느라 끙끙대고 있을 게 뻔하다. 도
대체 누구에게 어떤 등급을 줘야 하는지, 어느 정도 보상해줘야
하는지(상사 재량으로 보상을 해줄 수 있다면) 고민할 것이다.

부하직원에게 보상을 해주는 방법에 대해서는 모든 회사들이
그 나름대로의 규정과 체계를 가지고 있다. 따라서 도대체 어떻
게 일을 해야 더 많은 보상을 얻을 수 있는지 파악하기란 쉬운
일이 아니다. 어떻게 하면 1등급을 받고 높은 인센티브를 받는

직원이 될 수 있을까? 스스로는 고성과자라고 생각하는데 막상 중간 정도나 하위의 등급을 받았다면 등급제 평가나 그에 따른 차별적인 보상제도에 분개할 것이다.

반대로 당신이 직원 간의 성과를 비교할 수 없는 유형의 일을 하는 조직에 있다면 성과의 높고 낮음에 상관없이 동일한 대우를 받아야 하는 것일까? 동일한 대우를 받는다면 또 다른 분노가 일어나지 않을까? 모든 사람들이 동등하게 대우를 받는다면 아무도 불평하지 않을까? 지금까지 당신이 이 책을 잘 읽어왔다면 고성과자가 될 수 있는 가능성을 많이 찾아냈을 것이고, "내가 바로 고성과자야!"라고 소리칠 수 있을 것이다. 맞다. 바로 그거다.

모든 사람들이 다 알고 있지만 인정하지 않는 불편한 진실은 고성과자 한 명이 보통 직원들 서너 명 이상의 가치가 있다는 것이다. 당신이 고성과자라면 당신은 아마 이 사실을 이미 알고 있을 것이다. 만약 당신이 아직 많이 미흡한 수준이라면 이 불편한 진실을 받아들이고 지금부터 고성과자가 되는 길을 밟아나가라! 더 많은 보상을 받기 원한다면 당신의 조직이 부하직원들에게 언제, 어떻게, 얼마나 보상을 해주는지 먼저 이해하는 것이 도움이 될 것이다.

# 성과관리의
# 특성과 문제점

●
●
●

인적 자원관리에서 구성원의 보상전략에 영향을 주는 최근 트렌드는 목표관리(management by objective; MBO), 강제평가시스템(forced ranking), 성과급제도(pay for performance)의 세가지로 정리할 수 있다. 그런데 이 세 가지 경향들은 열심히 일해서 더 많은 성과를 얻고자 하는 당신의 노력에 방해물로 작용할 수 있다.

## 새로운 버전의 목표관리,
## 측정 가능한 결과로 나타나야 한다

요즘의 관리자들은 어떤 직급이든 성과 목표를 부여받는다(이
는 주로 '수치'로 표현된다). 따라서 성과를 인정받으려면 구체적
이고 측정 가능한 결과가 나타나야 한다. 문제는 측정된 성과가
실제로 부하직원이 통제 가능한 행동들과 직접적인 관련이 없음
에도 불구하고 비난이나 칭찬의 기본자료로 사용된다는 것이다.
모든 명령체계의 단계마다 체계적인 지시사항들이 무엇인지에
대해 명확하게 의사소통되지 않으면 이러한 목표관리방법은 기
대만큼 효과를 거두기 어렵다.


## 강제평가시스템,
## 성과를 지속적으로 관리해야 한다

대부분의 선진기업들은 20년 전 제너럴모터스의 대표이사 잭
웰치로 인해 유명해진 '강제평가시스템'을 사용하고 있다. 따라
서 관리자들은 모든 구성원들을 A, B, C와 같은 등급제에 따라
평가해야 한다. 이 시스템의 핵심은 '평가'와 '구별'이지만, 안
타깝게도 관리자들이 모든 부하직원의 성과를 지속적으로 모니

터하고 측정하고 문서화하지 않는 이상 이 시스템은 개인적인
추측에 지나지 않을 뿐이다. 이 일은 매년 한 번씩 반드시 해야
하므로 이제 더 이상 대강 넘기기는 힘들게 되었다.


## 성과급제도, 뛰어난 성과에 대해
## 차별적인 보상을 해줘야 한다


　성과급제도는 보상에서 가장 중요한 트렌드로서 구성원의 보
상 중 고정급의 비율을 줄이고, 유동적인 부분을 늘리는 것이다.
나는 개인적으로 뛰어난 성과에 대해서는 차별적인 보상을 해주
는 것이 옳다고 생각한다. 하지만 사실 성과급제도는 관리자가
각 구성원에게 어떤 일(그 구성원이 통제 가능한 범위에 있는 구체
적인 행동)을 해야 더 많은 보상을 받을 수 있는지, 그 기준을 맞
추지 못할 경우 보상이 어떻게 감소하는지 정확히 알려줄 때에
만 효과가 있다. 따라서 관리자는 지속적으로 부하직원의 실제
적인 성과(구체적인 행동들)를 모니터하고 평가하며 문서화해야
한다. 이렇게 성과급제도가 명백하게 공정한 아이디어임에도 불
구하고 관리자가 적극적으로 노력하는 경우는 드물기 때문에 사
람들은 성과급제도의 결과에 대해 황당해하고 불공정하다고 느
낀다.

이 세 가지 트렌드는 높은 성과만이 유일한 전략이라고 직원들에게 높은 압력을 가하는 직장에서 주로 발견되는 핵심 경향이다. 사실 이 전략들은 관리자가 부하직원의 성과를 매일 관리하지 않는 상황을 보완하기 위해 만든 것이지만, 여전히 상당수의 관리자들이 구성원들의 성과를 매일 관리하지 않고 있기 때문에 실패로 돌아가는 경우가 많다는 것은 정말 아이러니한 일이다.

그렇다면 더 많은 보상을 얻기 위해 어떤 것이 필요한지 다음의 내용들을 참고로 살펴보자.

### 상사가 당신의 등급을 어느 정도로 생각하는지 정확히 파악하라

당신은 현재 어떤 역할을 하고 있는가? 당신의 업무 수준은 발전하고 있는가? 각 상사와 의논해서 당신이 자신의 위치를 정확하게 파악하고 있는지 확인하라.

### 등급에만 신경 쓰지는 마라

등급에 신경 쓰기보다는 업무성과에 더욱 초점을 맞춰야 한다.

### 당신의 행동을 기록하고 관리하라

스스로의 구체적인 업무행동을 추적해서 관리하라. 그것만이 당신이 실제로 통제할 수 있는 성과이며, 목표와 마감기한을 지킬 수 있는 방법이다. 당신이 목표를 달성하기 위해 기여한 바를 기록으로 남겨서 모든 상사들에게 보고하라.

### 당신이 언제, 어떻게, 누구에 의해 평가받는지 확인하라

당신의 회사가 강제평가시스템을 사용하고 있다면 어떤 체계를 가지고 있는지 알아봐야 한다. 상사가 당신의 등급을 매길 때 업무 중 어느 부분을 중요시 여기는지 알고 있는가? 당신이 이해하고 있는 것이 맞는지 각 상사들과 이야기해보라.

### 지속적으로 상사들과 대화하라

업무의 각 단계에서 상사가 당신의 성과에 대해 가지는 일별, 주별, 월별, 연도별 기대목표를 이해하고 있는지 확인하기 위해 지속적으로 대화를 해야 한다. 당신이 지금 바로 초점을 맞추어야 할 과제나 책임, 프로젝트는 어떤 것인가? 지금 당장 집중해야 할 목표와 마감기한은 무엇인가? 우선적으로 해야 할 업무항목은 어떤 것인가? 요구 수준의 성과를 올리고, 그 이상의 결과를 내려면 어떻게 해야 할까?

### 모든 상사들이 지속적으로 당신의 성과를 문서화하여 관리하도록 하라

업무의 각 단계마다 수립해놓은 목표와 비교하여 당신이 얼마나 일을 잘하고 있는지 상사들이 기록하도록 해야 한다. 지속적으로 문서 기록을 잘 하지 않는 상사가 있다면 당신이 더욱 신경을 써서 각 과제에서 스스로 달성한 목표와 수행했던 구체적인 행동들을 기록으로 남겨라. 스스로 평가해보고, 상사와 1대1 면담을 할 때 보여주면 효과적이다.

## 당신이 성과급제도의 대상인지 파악하라

자신이 성과급제도의 대상에 해당하는지 궁금하다면 먼저 그 시스템에 대해 알아보는 작업이 필요하다. 어떤 것들이 평가되는지, 의사결정자는 누구인지, 언제 어떻게 평가가 이루어지는지, 성과급당 차이는 얼마인지, 높은 등급을 받기 위해서는 무엇을 해야 하는지, 어떤 행동을 하면 낮은 성과급을 받게 되는지 알아보고 상사들과의 이야기를 통해 당신이 성과급제도를 제대로 이해하고 있는지 확인해보라.

# 모두를 똑같이
# 대우하는 것의 문제점

●
●
●

안타깝게도 부실관리가 횡행하는 실제 상황에서 대부분의 관리자들은 모든 사람을 '동등하게' 대우하는 것이 중요하다고 생각한다. 물론 그게 관리하기 더 쉬워서 그런 것도 있다. 시간급이든 고정급이든 간에 당신이 특정 시스템에 의해 월급을 받고 있다면 사실 상사는 당신의 업무가치를 평가할 필요가 없다. 물론 동일한 보상을 해준다는 것이 유용할 때도 있다. 체육관 회원권, 자녀 복지와 같은 보상들은 모든 구성원에게 동일하게 주어져야 한다. 이러한 보상책들은 구성원들로 하여금 조직에 대한 소속감을 갖게 하고, 구성원들의 웰빙생활에 도움을 주며, 시간이 지날수록 구성원들이 조직에 더 많은 이익을 돌려주도록 촉진해준다.

　위에서 말한 부분 외에 관리자들은 뛰어난 성과를 내는 구성원에 대해서는 차별대우를 하고, 인정해주고, 보상을 해줄 자유재량이 있다. 사실 그들이 실제로 발휘하는 것보다 더 방대한 권한을 갖고 있는 경우도 많다. 하지만 이와 같이 관리자가 보너스나 연봉 인상을 결정하는 데 재량권을 갖고 있음에도 불구하고, 결국은 팀 전원이 똑같이 보너스를 나눠받거나 똑같은 금액의 연봉 인상을 받는 일이 많다. 이는 근무조건이나 사무실 공간에 대해서도 똑같이 적용된다. 대부분의 관리자들은 업무 스케줄, 업무 배정, 근무환경, 자원 배부와 같은 부분에 대해서도 재량권을 가지고 있다. 하지만 시간과 에너지를 들여 성과를 기반으로 한 차별대우라는 어려운 일을 하지 않으려 하고, 능력에 따른 보상을 제대로 해주지 않는다.

# 진정한 **공정함**이란 **무엇**일까?

● 
● 
● 

나는 지금까지 "고성과자나 저성과자나 똑같이 보상받는 것이 공정하죠"라고 생각하는 고성과자를 만나본 적이 없다. 저성과자들은 대부분 고성과자와 똑같이 대우받기를 바라지만 그 반대의 경우에는 절대 그렇지 않다. 문제는 상사에게 우수한 성과를 인정받고, 원하는 만큼의 보상을 받으려면 어떻게 해야 하는가다.

관리자 자격이 있는 상사라면 누구나 모든 부하직원들이 일을 더 많이 하고, 더 잘하기를 바란다. 따라서 부하직원으로서 성공하기 위해서는 최선의 노력을 해야 하고, 원하는 것을 얻기 위해 애써야 한다. 일을 열심히 하고, 탁월하게 잘한다면 당연히 당신은 더 많은 보상을 얻을 만한 자격이 있다. 이것이 바로 공정한 것이다.

물론 모든 부하직원을 만족시키는 완벽한 상사는 없다. 하지만 당신은 특별한 인정과 보상을 받기 위해 어떻게 일을 해야 좋을지 고민해봐야 한다. 상사가 당신에게 어떤 기대를 갖고 있는지 명확하게 파악해야 하며, 그러한 기대사항을 충족시킬 경우 명확한 보상으로 연결시켜줄 수 있도록 상사를 도와야 한다. 이는 곧 당신의 근무조건과 보상에 대해 영향력을 미칠 수 있는 상사와 지속적으로 대화해야 한다는 것을 의미한다. 그러기 위해서는 상사에게 다음과 같은 질문을 해볼 필요가 있다.

"업무의 각 단계에서 제가 어떤 일을 해야 하는지 구체적으로 알고 싶습니다. 제가 더 좋은 성과를 올리려면, 기대 이상의 수준으로 일을 하려면, 그리고 더 쓸모 있는 구성원이 되려면 어떻게 하면 될까요? 아침에 일찍 출근해서 일을 하는 것이 좋을까요, 아니면 저녁에 남아서 야근을 하는 것이 더 효과적일까요? 저에게 부여된 재량권을 정확하게 사용하려면 어떻게 하는 것이 좋겠다고 생각하시는지요? 부장님께서 저에게 바라시는 바를 명확하게 이야기해주셨으면 좋겠습니다. 그리고 제가 일을 하기 위해 필요한 것들에 대해서도 말씀드리고 싶습니다. 저는 저에게 맡겨진 일을 정말 신속하게 잘해내고 싶습니다."

# 평판은 영향력이 강한 비밀도구다

● ● ●

"사람들은 종종 나에게 이런 질문을 합니다. '어쩜 그렇게 대단한 근무조건으로 계약할 수 있었나요?'" 한 대규모 제약회사에서 연구원으로 즐겁게 일하고 있는 행크가 해준 이야기다. "저는 출퇴근 시간이 특별히 정해져 있지 않습니다. 제 스케줄은 스스로 계획하죠. 며칠은 집에서 일하기도 해요. 제가 정말 잘 알고 있고 신뢰하는 기술자들과만 일합니다. 저에게는 정말 핵심적인 일이 많이 배당돼요. 제 상사는 회사의 예산으로 교육이나 세미나에 참석시켜줍니다. 다른 전문가 동료들보다 제 연봉이 더 높은 편이고요. 그리고 이 회사에서 일한 것은 4년밖에 안 되었습니다."

어떻게 해서 행크는 이와 같이 행복한 근무조건을 얻어낼 수 있었을까? 이렇게 유연한 근무조건과 이렇게 끝내주는 보상을 가질 수 있었던 비밀은 무엇이었을까?

"영향력이라고 할까요. 저는 일을 정말 잘하고, 마감기한이 되기 전에 일을 완료한다는 좋은 평판을 듣는 편이기 때문에 상사에 대한 영향력이 크다고 할 수 있어요. 필요한 경우 저는 새벽에라도 출근하고, 야근이나 주말 출근도 서슴지 않습니다. 자원을 사용하는 데 매우 신중한 태도를 취하기 때문에 항상 정해진 예산을 아끼게 됩니다. 상사는 제가 신뢰할 만한 사람이라는 것을 알기 때문에 저에게 투자를 많이 해주죠. '행크에게는 원하는 것을 제공해줘야 돼. 일을 정말 잘하고 있고, 앞으로도 계속해서 대단한 일을 해낼 거거든'이라는 말을 많이 하거든요. 물론 제가 원하는 것을 얻지 못할 때도 있지만, 전체적으로 보면 비교적 원하는 것을 받고 있는 편이에요. 조직에서 일을 하려면 인내심이 있어야 한다고 생각해요. 결국은 열심히 한 것에 대한 보상을 받게 되니까요. 나라는 사람이 가치 있는 인재라는 평판을 만들어놓으면 조직에서는 나에게 무언가를 더 해줄 수밖에 없어요. 저에게 최상의 상황을 만들어줘야 한다고 느낄 테니까요."

행크의 사례에서 우리가 배워야 할 것은 '가치 있는 사람이 되라'는 것이다. 상사에 대해 큰 영향력을 가지고 싶다면 상사로 하여금 당신을 행복하게 해주고 싶다는 생각이 들게 해야 한다.

매일 대단한 일을 잘해내고 있다는 평판을 만들어라. 인내심을 가지고 찬찬히 당신의 가치를 높여가다 보면 결국은 원하는 바를 얻어낼 수 있다.

이번에는 케이트의 이야기를 한번 들어보자. 대규모 항공회사의 전기 엔지니어로 일하는 케이트는 다른 지역 공장에서 발견된 기술 디자인 문제를 해결하기 위해 몇 명의 구성원들과 함께 일을 하게 되었다. 공장에 도착했을 때 이 팀은 제조과정에서 명백한 오류가 있었다는 사실을 발견했다. 두 명의 엔지니어가 적어도 1년 동안 그 공장에서 일하면서 당분간은 거의 두 배의 일을 해야 하는 상황이었다.

"저는 그냥 '제가 할게요'라고 말했고, 바로 그렇게 하기로 됐습니다. 어느 누구도 그 일을 하고 싶어 하지 않았으니까요." 그렇다면 그녀는 왜 자원했을까? "그건 순전히 제 야망 때문이었어요. 저는 그 1년 동안 정말 먹고 마시고 숨 쉬는 것 외에는 일만 했고, 일을 잘하기 위해 고민했어요. 그리고 엄청나게 많은 돈을 벌게 됐지요. 하지만 제가 얻은 것은 그 이상이었어요. 저는 그때 거기서 일을 하면서 매우 많은 것들을 배울 수 있고, 성장의 기회를 잡을 수 있다는 것을 알고 있었거든요. 제가 함께 일할 사람은 맨디였는데, 그녀는 팀장이었고 수석 엔지니어였어요. 그야말로 기술 분야에서 떠오르는 스타였기 때문에 제가 멘토로 삼고 싶은 사람이었지요. 그래서 저는 그때 서슴지 않고 공장에서 일을 하겠다고 자원했던 거였어요. 맨디와 함께 일하는 것은 정말 즐거웠고, 중요한 경험을 할 수 있었습니다. 그 1년간 은 제가 병원 레지던트인가 싶을 정도로 힘든 일이 많았어요. 하지만 그럴 만한 가치가 있었지요. 저에게 엄청나게 도움이 된 경험이었으니까요."

누구나 행크와 같이 일을 잘한다는 평판을 얻으면서 상사에 대한 많은 영향력과 보상을 얻을 수 있다. 또는 케이트와 같이 자원해서 자신의 개인적 시간을 희생하고 '정말 먹고 마시고 숨 쉬는 것 외에는 일만 하면서' 독특하고 특별한 경험을 할 수도 있다.

만약 당신이 절대 변동이 없는 고정급 체제에서 연봉을 받는 조직이나, 모든 사람들을 같은 틀에 넣고 대하는 감옥과 같은 조직에 있다면 한번 생각해보라. 당신의 근무시간이나 노력, 아이디어에 대해 어떤 보상을 받을지 상사와 협상할 수 있다면 어떤 일이 일어날까?

재미있는 사실은, 성과급제도는 불완전한 시스템이라는 것이다. 아직까지 대부분의 사람들이 자신의 성과와 별 상관없이 연봉을 받고 있다. 하지만 시간이 갈수록 행크와 같은 사례는 늘어갈 것이다. 당신의 실제 성과는 당신의 평판과 '가치', 영향력, 더 유연한 근무조건과 큰 보상을 받을 수 있는 조건을 만드는 핵심열쇠가 될 것이라 확신한다. 이러한 프로세스에 참여하고 싶다면 케이트의 사례를 기억하라.

# 보다 **좋은 보상을**
# 받을 수 있는 **방법**

●
●
●

물론 모든 사람들이 행크나 케이트처럼 될 수는 없다. 적어도 지금 당장은 그렇다. 지금보다 더 나은 위치에서 더 좋은 보상을 받고 싶다면 어디부터 어떻게 시작해야 할까? 다음의 2단계를 밟으면서 차근차근 시작해보자.

## 1단계. 성과와 보상을 파악하라

모든 상사들과의 업무관계에서 당신이 가장 먼저 해야 할 일은 기본적인 업무목표를 달성하는 것을 넘어서서 어떻게 하면 그 이상의 성과를 올릴 것인지, 그리고 고성과자가 된다면 어떤 보상을 얻을 수 있는지 파악하는 것이다.


## 2단계. 상사와 대화하라


개방적이고 솔직한 커뮤니케이션을 통해 상사와 서로 신뢰할 만한 업무관계를 구축하라. 모든 작업단계마다 상사가 당신의 성과를 모니터하고 평가하며 문서화하도록 도와주어라. 마감일을 약속했다면 반드시 그때까지 일을 마무리하라. 혹시라도 약속을 지키지 못할 상황이 되었다면 솔직하게 털어놓고 문제를 해결하라. 상사에게 당신의 일이 제대로 돌아가고 있는지 알려주도록 하라.

훌륭한 보상을 받을 만큼 일을 잘하지 못했다는 것을 인정해야 할 때가 되면 쓸데없는 변명은 늘어놓지 말자. 목표를 달성해서 보상을 받을 때에도 지나치게 욕심을 내서는 안 된다. 또 상사가 약속했던 보상을 곧바로 주지 못하더라도, 약속했던 보상이 다소 떨어지는 느낌이 있어도 바로 달려들어서 따지는 태도는 효과적이지 않다. 손해를 본 점이 있다면 업무관계를 위한 투자라고 생각하라. 적어도 당신의 성과가 어떤 식으로 평가되었는지 몰라 궁금해하지는 않아도 되지 않는가. 이를 더 빨리 앞으로 나아갈 수 있는 기회로 활용하라.

상사가 당신에게 바로 보상해주지는 않더라도 당신의 성과를 인정하는 듯 보인다면 상사에게 부탁해보자, 당신의 실적에 대해 자세히 설명하는 문서를 만들어달라고. 그 문서를 당신의 인사파일에 한 부 보관하고, 상사에게도 한 부 보관하도록 하는 것이다. 이렇게 하면 직접적인 보상을 바로 받지는 못할지언정 상사에게 인정받고 있다는 것을 확인할 수는 있다.

상사는 자신이 부하직원의 보상 여부에 어느 정도의 영향력을 미치는지 잘 모를 수도 있다는 점을 기억하라. 다른 일반적인 관리자들과 마찬가지로 당신의 상사도 부하직원의 보상을 결정할 수 있는 재량권이 있지만 활용하지 않는 경우가 많을 것이다. 그렇다고 해서 항상 상사에게 압력을 가해 당신에게 보상을 해주도록 하라는 의미는 아니다. 차라리 상사에게 당신이 더 많은 보상을 받을 만한 사람이며, 상사가 당신에게 더 많은 보상을 해줄 수 있도록 모든 노력을 할 준비가 되어 있다는 사실을 확인시켜주는 것이 낫다.

상사의 재량에 의해 받을 수 있는 보상의 종류는 다음과 같다.

### 연봉과 수당

당신의 연봉에서 고정급은 어느 정도인가? 당신이 통제 가능한 구체적인 행동에 의해 생기는 성과급은 어느 정도인가? 수당은 어느 정도 받고 있는가? 수당을 더 많이 받으려면 어떤 전략을 활용해야 할까?

## 업무 스케줄

기본적인 업무 스케줄은 어떠한가? 어느 정도의 유연성이 있는가? 더 유연한 업무 스케줄을 갖기 위해서는 어떤 방법을 써야 하는가?

## 관계

당신이 함께 일하는 사람들은 어떤 사람인가? 외부업체, 고객, 동료, 부하직원, 관리자 등 이해관계자들에게 더 많은 영향력을 미칠 수 있으려면 어떻게 해야 할까?

## 과제

당신이 배정받을 일반적인 과제나 업무는 무엇인가? 특별한 프로젝트가 있는가? 당신이 원하는 일을 맡을 수 있는 기회를 잡으려면 어떻게 해야 할까?

## 교육 기회

특별한 교육 기회가 있는가? 더 많은 교육 기회를 잡으려면 어떻게 해야 할까?

## 지역

당신이 근무하는 지역은 어디인가? 작업공간에 대한 당신의 영향력은 어느 정도인가? 출퇴근 시간은 어느 정도 걸리는가? 다른 지역으로 옮길 가능성이 있는가? 당신이 원하는 대로 작업 공간을 꾸미려면 어떻게 하면 될까?

위와 같은 핵심요소들을 포함해서 근무조건에 대한 계약을 하고 싶다면 상사가 가지고 있는 재량권이 어느 정도인지 파악해보고 상사가 재량권을 행사하도록 도와주어야 한다. 어느 정도로 열심히 일해야 할까? 어느 정도로 더 노력할 수 있을까? 상사에게 보여줄 수 있는 당신의 가치에는 어떤 것이 더 있는가? 당신이 행사할 수 있는 영향력에는 어떤 것이 있는가? 협상 테이블에 내놓을 수 있는 당신의 비밀 카드는 무엇인가? 당신이 매우 가치 있는 핵심인재라는 사실을 상사에게 확신시켜주어라. 그렇게 되면 상사는 스스로 당신에게 더 많은 보상을 해주기 위해 노력할 것이다.

나는 항상 사람들에게 아무나 해낼 수 없는 어려운 프로젝트를 맡으라고 조언한다. 상사를 도와줄 수 있는 방법을 찾기 위해 노력하라. 힘든 일을 만나면 짜증을 내며 스트레스를 받을 게 아니라 오히려 기뻐해야 한다. 당신이 가지고 있는 가치를 증명하고, 경력개발을 위해 큰 투자를 할 수 있는 기회가 아닌가. 전문

적으로 좋은 평판을 쌓는 동시에 상사와 긍정적인 업무관계를
만들어보자.

# 상사와 의사소통을
# 잘하는 것도 능력이다

●
●
●

당신에게 꼭 필요한 능력은 각각의 상사와 어떻게 의사소
통을 할 것인지 파악하는 능력이다. 당신은 현재 하고 있는 일에
대해 인정을 받고 보상을 받아야 할 권한이 있다. 그렇다고 해서
상사가 당신에게 지나친 기대나 비현실적인 희망을 심어주기를
원하지는 않을 것이다. 상사가 당신의 니즈나 꿈에 대해 비현실
적이라고 생각한다면 바로 그 기대 수준을 수정할 수 있도록 도
움을 주는 것이 좋다.

비영리 커뮤니티 기관의 어떤 관리자는 이렇게 이야기했다.
"당신이 업무용 헬리콥터를 갖고 싶다고 말한다면…… 아마 그
꿈을 이룰 수는 없을 겁니다. 하지만 가족들에게 무료 체육관 이

용권을 주고 싶다면 별 문제가 없겠지요. 몸이 아픈 조카의 병문안을 가기 위해 조금 일찍 퇴근하고 싶다고 해도 그렇게 할 수 있을 겁니다. 부하직원들이 나와 협력하기를 원한다면 나는 기꺼이 그들을 도와줄 거예요. 모든 사람이 바라는 바를 한꺼번에 들어줄 수는 없지요. 하지만 내가 필요할 때 당신이 나를 도와준다면 나는 당신을 위해 힘쓸 겁니다." 작은 계약 협상은 관리자가 제공할 수 있는 자원들 중 하나다. "당신이 협상하기를 원한다면 내가 당신을 도와줄 수 있도록 자신의 역할을 잘 해낼 필요가 있습니다." 이것이 대부분의 관리자들이 하는 말이다.

당신이 매우 중요한 핵심인재이지만 실제로 상사가 보상에 대한 재량권이 별로 없을 경우 상사는 당신의 출근시간을 조금 늦춰주든지 사무실에서 개인전화를 써도 된다는 정도의 혜택을 줄 수도 있다. 그러면서 자신이 매우 큰일을 해주고 있다고 생각한다면 이에 대해 논의하라. 이때 감사하다는 말을 빠뜨려서는 안 된다. 보상이 어떤 것이든 간에 보상을 받았다는 사실을 명확히 해야 한다.

# 모든 일은
# 협상 가능하다

●
●
●

고용관계란 원래 계약을 기반으로 한 관계다. 당신이 특별한 보상을 원한다면 높은 성과를 내기 위해 각 업무단계에서 어떤 것을 해야 하고, 어떤 것을 할 수 있는지 명확하게 파악해야 한다. 마감일이 되기 전에 일을 끝내고, 매우 우수한 최종 성과를 만들어낸다면 어떤 보너스를 받을 수 있을까? 약속된 마감일에 일을 마무리하지 못했거나, 목표 수준에 도달하지 못했다면 어떤 페널티를 받게 될까? 이상적인 업무계약에는 명확한 최종 성과의 형태, 마감기한, 특정 평가기준이 모두 포함되어 있어야 한다. 모든 보상체계는 합의된 마감일 등 각 업무단계의 이정표들과 밀접한 관련성을 가지고 있는 것이 좋다. 이상적인 세상에서는 당신이 더 똑똑하게, 신속하게, 더 훌륭하게 일을 해낸다면 당연히 연봉도 더 많이 받고, 더 유연한 근무조건을 받게 될 것이다.

그렇다면 조직에서는 모든 것이 협상 가능할까? 물론 그렇지 않다. 사실 당신이 특별한 보상을 받고 유연성을 보장받을 수 있는 위치에 있다면 가장 첫 번째로 고려해야 하는 것은 '협상 불가능한 것'이 무엇인지 파악하는 것이다. '일을 하는 데 기본적으로 요구되는 것, 핵심적인 성과 기준, 바람직한 행동 유형은 무엇인가?' '기본적으로 다른 사람들과 똑같이 대우받고 일한 만큼 보상을 받으려면 무엇을 해야 하는가?'

당신 스스로에게 명확히 해야 하는 것은 이것이다. '월급을 받으려면 제시간에 출근하고, 정해진 시간까지 일하며, 맡은 일을 잘해내야 하고, 일을 하는 데 오류가 없어야 한다. 그리고 나는 여기서 계속 일하면서 인정을 받을 것이다.' 정해진 시간 내에 일을 신속하게 잘해내는 것은 당신이 기본적으로 해야 할 일이다. 이 일을 하면 가장 기본적인 월급과 수당을 받을 수 있다.

지속적으로 당신이 해야 할 일을 잘해내면 계약된 수준 이상의 일을 해내고, 더 많은 보상을 받을 수 있는 기회를 잡게 된다. 평소에 이러한 기회를 잡을 수 있도록 잘 살펴라. 그리고 그런 기회가 나타나면 날쌘돌이같이 달려가라. 협상 테이블 위에 당신이 좋은 성과를 올려놓으면 당연히 더 많은 보상과 유연한 근무조건을 요구할 수 있는 상황이 될 것이다. 장기적인 고정급보다는 당신의 통제범위 내에 있는 측정 가능한 성과 기준과 관련된 작은 보상들에 대해 협상한다면 더 많은 것을 얻을 수 있을 것이다.

# 문서로 제안하면
# 결과가 달라진다

●
●
●

어떤 임원이 이런 말을 했다. "나에게 뭔가를 원한다고? 나는 당신에게 이런 질문을 해보고 싶군. '당신의 제안은 우리 회사나 나에게 어떤 이득을 주나? 당신의 제안을 실행하려면 어떻게 해야 하지? 당신은 어떤 역할을 할 건가? 또 누가 이 일에 참여하게 되나? 이 일을 완료할 때까지 얼마나 걸릴까? 이 일은 주로 어디서 진행되나? 어떤 방법으로 일을 할 건가?'"

아주 단순한 제안을 하더라도 위와 같은 모든 질문들에 대한 대답을 준비하는 것이 좋다. 나는 주변에서 더 많은 자원이나 보상, 더 유연한 근무조건을 찾는 사람들이 이 전략을 써서 효과를 보는 것을 많이 봤다. 조직의 규모가 크든 작든 효과는 마찬가지

였다.

나는 한 해병대 리더에게 매우 단순한 규칙 하나를 배웠다. "상사에게 어떤 제안을 하더라도 가볍게 하지 마라. 그러면 상사도 그 제안을 사소하게 보지 않는다. 조직 내의 제안은 어느 내용이든 간에 심각한 것이다."

상사에게 요청을 한다는 것은 진지한 문제다. 공식적인 형식을 갖춰 간단하지만 임팩트가 강한 문서를 만들어라. 일을 하기 위해 자원이 필요할 때, 자신이나 부하직원을 위해 더 많은 보상을 받아야 할 때, 목표 달성에 대한 인정을 받고 싶을 때, 더 도전적인 과제나 프로젝트를 맡고 싶을 때, 교육 기회를 얻고 싶을 때, 의사결정자에게 요청하고 싶을 때, 특정 지역에서 일하는 기회를 얻고 싶을 때, 유연한 업무 스케줄을 원할 때도 마찬가지다. 이런 원칙을 갖게 되면 함부로 상사에게 요청하는 일은 줄어들 것이고, 더 합리적이고 전문적인 제안을 하게 될 것이다.

요청하고 싶은 내용들을 공식적인 제안서로 만들어보면 아무래도 더 신중한 태도를 가질 수밖에 없다. 요청사항을 더 신중하게 고려할수록(당신의 제안이 가지고 있는 이득에 대해 상사에게 더 효과적으로 설명할수록) 더 좋은 보상을 더 많이 받을 가능성은 커질 것이다.

# PART 9

# 얼간이 상사
# 대처법

얼간이 상사의 다양한 유형 • 얼간이는 상사인가, 아니면 당신인가? • 상사가 얼
간이라면 어떻게 해야 할까? • 감지하기 힘든 얼간이 상사의 행동 유형 • 폭력적
인 상사와의 거친 대화에 대비하라 • 상사가 얼간이 짓을 그만두지 않는다면?

# 얼간이 상사의
# 다양한 유형

●
●
●

만약 당신의 상사가 정말 얼간이라면 당신은 좌절감에 빠져 있을 것이고 당황스러울 것이다. 당신의 상사 또한 모든 것이 걱정스럽고 불안할 것이며 사사건건 분개하고 있을 가능성이 높다. 당신은 일을 더 악화시키고 싶지는 않지만, 해고되고 싶지도 않을 것이다. 하지만 상사가 정말 완벽하게 얼간이 짓을 하고 있기 때문에 누군가에게 의논을 하지 않고서는 참기가 점점 더 어려워질 것이다.

진짜 얼간이 상사를 만나본 적이 있는가? 얼간이 상사의 유형은 매우 다양하다. 부하직원에게 겁을 주는 상사, 밉살스럽게 구는 상사, 모욕적인 언사를 하는 상사, 모든 것을 다 맡기는 척하지만 결코 곳간열쇠를 내놓으려 하지 않는 상사, 모든 사람에게 영향을 줄 만한 큰 의사결정을 하고는 싶지만 중간과정 관리를 하고 싶어 하지 않는 상사, 뭔가 심각한 문제가 터지기 전까지는 절대 개입하지 않다가 큰일이 생기면 곧바로 뛰어들어 부하직원을 마구 다그치는 상사, 사소한 문제들은 "괜찮아, 괜찮아"라고 넘기다가 아주 작은 일이 통제가 안 되면 노발대발해서 바로 벽돌 더미를 던져대는 상사, 당신의 일거수일투족에 강박적으로 집착하는 상사, 벨만 누르면 쪼르르 달려오는 비서 노릇을 요구하는 상사 등이 있다.

당신이 회사에서 많이 만나본 상사들 아닌가? 물론 더 심각한 얼간이들도 많다. 성공하고 싶다면 그러한 상사들을 어떻게 다루어야 하는지 반드시 알아야 한다. 그런 다음에야 상사관리를 시작할 수 있기 때문이다.

# 얼간이는 상사인가,
# 아니면 당신인가?

물론 어떤 상사는 정말 얼간이 같기도 하다. 하지만 앞에서 나온 특성들이 당신의 상사에게 적용된다면 반드시 스스로에게 먼저 물어봐야 할 질문이 있다. '솔직히 말해 얼간이는 상사인가, 아니면 당신인가?' '나는 스스로 상사에게 부실관리를 당해오지 않았는가?' '내 업무에 대해 정기적으로 상사와 1대1 대화를 해왔는가?' '모든 업무단계에서 상사로 하여금 나에게 기대하는 성과 기준을 명확하게 이야기해주도록 했는가?' '나는 상사로 하여금 지속적으로 나의 성과에 대해 모니터하고 평가하고 문서화하도록 도와주었는가?'

이 질문에 대해 솔직하게 대답해보면 지금까지 왜 당신이 일을 할 때 필요한 지원과 방향 제시, 피드백, 인정을 받지 못했는지 이해할 수 있다. 매일이나 매주 업무 관련 대화를 하지 않는다면 당신과 상사 사이에 일이 어떻게 진행되는지 자연스럽게 논의할 수 있는 창구가 없어질 것이다. 그러다 보면 뭔가 일이 잘못되었을 때에야 비로소 "아, 지금까지 왜 우리가 일에 대해 이야기를 안 했을까" 하며 발등을 찍게 된다. 그런 식의 업무관계에서 일이 제대로 될 리 만무하다.

나의 상사가 얼간이라고 체념하기 전에 한 발짝만 뒤로 물러서보자. 성공적인 업무관계를 맺기 위해 상사를 관리해보는 것이다. 상사가 당신에게 진정으로 원하는 것이 무엇인지 알아보자. 정기적으로 1대1 면담을 하고, 당신의 성과에 대해 상사가 기대하는 바를 명확히 이야기해주도록 하라. 그러고 나서 그 기대사항에 대해 당신의 성과를 모니터하고 평가하며 문서화하도록 도와주는 것이다. 이와 같은 작업을 지속적으로 하다 보면(각 상사의 특징과 업무 성격에 맞게 수정 및 보완) 당신에게 문제가 있는지, 아니면 정말 상사가 얼간이인지 알 수 있다.

# 상사가 얼간이라면
# 어떻게 해야 할까?

● ● ●

지금까지 상사를 관리하기 위해 열심히 노력해봤지만 아무런 성과가 없었다면 '역시 내 상사는 얼간이야'라고 생각하며 배를 갈아탈 준비를 할 수도 있다. 하지만 지금 당장 어떤 행동으로 옮기기는 어려운 상황이라면 어떻게 해야 할까? 당신의 상사만 얼간이일 뿐 그 위의 임원들은 괜찮은 사람들이라서 어떻게 해서든 회사를 그만두지 않고 문제를 해결할 방법을 찾고 싶다면 어떻게 하는 것이 좋을까?

TV산업 분야에서 오랫동안 경험을 쌓은 어떤 현명한 임원은 이런 조언을 해주었다. "얼간이 상사를 다루는 법을 배우지 못한다면 앞으로 더 높이 승진하고, 더 큰 성공을 거두기는 어려울 것입니다. 그 상사가 정말 말도 안 되게 엄청난 얼간이이건, 특이한 특성이나 성격을 가진 얼간이이건 말입니다. 제가 만났던 어떤 얼간이 상사는 저한테 커피를 뿌려대더니 그 다음에는 컵까지 던지더군요.

대부분의 사람들이 저지르는 가장 큰 실수는 쉽게 흥분해버리는 것입니다. 얼간이 상사를 다루는 데 있어 가장 중요한 첫 번째 팁은 '감정적으로 대처하지 마라' 이거든요. 때로는 열 받는 상황에서 빨리 빠져나와 마음을 가라앉히고, 상사에게도 자신이 얼간이 짓을 한 것에 대해 후회할 시간을 만들어주는 것이 좋습니다. 이런 상황에서 신참내기들은 가뜩이나 심각한 상황에 열을 내며 뛰어들기 일쑤지요. 그래서 상사와 진짜 유치찬란한 맞장을 뜨곤 합니다. 이런 경쟁에서는 이겨봤자 얻을 것이 아무것도 없어요."

그는 상사가 아무리 비전문가적인 태도를 취해도 자신만은 전문가다운 태도를 유지할 것을 강조했다. 회사는 개인적인 다툼을 하는 곳이 아니라 공식적으로 업무에 대해 이야기하는 자리라는 것을 반드시 기억해야 한다는 것이다. "전문가다운 태도를 유지하기만 하면 싸움의 반은 이긴 것이나 마찬가지입니다. 나머지 반은 실제 업무에 대해 차분하게 이야기를 잘하는 사람이 이기는 거죠. 상사의 좋지 못한 행동 때문이라는 핑계하에 당신이 일을 제대로 안 한다면 매우 큰 실수를 하는 겁니다. 왜냐하면 당신은 어떻게 해서든 그 일을 해야만 하는 사람이기 때문입니다." 따라서 상사에게 계속해서 명확한 지시사항을 달라고 요청하고 꿋꿋이 맡은 일을 해나가야 한다.

"아무리 얼간이 상사라 해도 하루 종일, 24시간 내내 얼간이 짓을 하지는 않습니다. 당신이 파악해야 하는 것은 상사가 언제쯤 이야기할 만한 상황이 되는가입니다. 오늘 회의를 했다면 다음 날 아침 일찍 노트를 가지고 상사를 찾아가 어제 있었던 미팅의 내용을 명료화하기 위한 질문을 해보는 것도 좋아요. '부장님이 어제 말씀하신 사항은 이것이 맞는지요?', '너, 이거 안 하면 내가 죽여버릴 거야'라고 하신 것은 이러저러한 것을 저에게 바라신다는 뜻인 거죠?" 하지만 대놓고 비꼬는 표현을 쓰는 것은 바람직하지 않다. 중요한 것은 상사가 진정으로 의미하는 바와 열 받아서 내뱉은 말을 제멋대로 섞어버리지 말라는 것이다. 상사가 이야기한 것은 뭐든지 진지하게 받아들이고 적어놓은 다음에, 다음 날 상사에게 다시 한 번 물어보면서 확인하라. 이럴 때 가장 좋은 시나리오는 상사가 자신의 행동을 돌아보고 후회하게 만드는 것이다. 자신의 행동에 대해 사과하고 어떤 의도였는지 설명할 수도 있다.

"핵심 노하우는 상사가 쉽게 자기 귀를 틀어막지 못하게 하는 겁니다. 이렇게 말하면 좋을 것 같아요. '진심으로 그렇게 말씀하신 건 아니라는 거 압니다. 많이 화가 나셨었잖아요.' 전문가다운 태도를 유지하세요. 어떤 일이 있었는지 명확하게 설명해 주고 상사가 깨닫도록 해주는 겁니다. 그러고 나서 동일한 문제가 다음에 또 일어나면 어떻게 해야 할지 명확한 지시를 요청하세요. 노트에 적는 것도 잊어서는 안 됩니다. 상사와의 대화에서 주도권을 잃지 마세요. 그리고 매우 전문가답고, 이성적이고, 체계적인 태도를 보여줘야 합니다."

이러한 접근방법은 악명 높은 얼간이 상사들이 포진해 있는 조직에서 좋은 성과를 냈던 사람들에게도 동일하게 들을 수 있었다. 투자은행에서 일하는 초대형 핵심 인재는 이런 조언을 해주었다. "그 얼간이가 얼마나 비전문가같이 행동을 하든 간에 당신은 절대 당황하지 말아야 합니다. 섣불리 목소리를 높여서도 안 돼요. 상사의 행동 때문에 당신이 힘들어한다는 티를 내지도 말아야 합니다. 상사가 고함을 지르더라도 당신이 이야기해야 하는 것을 차분히 말하고, 지시사항을 받아내고, 행동으로 옮기면 됩니다." 왜 우리는 이런 얼간이 상사를 참아내야 하는 것일까? "당신 실속도 챙겨야 하기 때문이죠. 그 자리를 바로 박차고 나갈 수 있겠어요, 아니면 당신 편을 들어줄 임원들의 네트워트를 빵빵하게 가지고 있나요?"

"사실 정말 말도 안 되는 상사를 다루기가 오히려 더 쉽습니다. 분노만 조절하면 되니까요. 제가 생각하기에 더 어려운 상황은 당최 이해할 수 없는 상사를 만났을 때예요." 지금까지 연구

해온 자료들에 기반했을 때 나는 이 사람의 의견에 전적으로 동의한다. 상사가 당신에게 악을 쓰면서 고함을 친다면 둘 중 누가 얼간이인가는 너무나 명확해진다.

한편 당신의 업무에 대한 상사의 말이나 행동이 이성적이지 않고 논리적이지 않은 반면, 지나치게 모욕적이지도 않아서 오히려 당신을 얼간이로 보이게 할 가능성이 높을 때는 어떨까. 내가 주장하는 바는 그럴 때에도 기본적인 접근방법이 유용하게 쓰인다는 것이다. 모든 행동을 최대한 이성적으로, 체계적으로 하도록 노력하라. 전문가답고, 침착하며, 진지한 태도로 상사를 대하라. 명확한 지시사항을 요청하고, 필요한 모든 사항들을 기록에 남겨라. 필요하다면 잠시 자리를 떴다가 더 적절한 시기라고 생각되는 때에 돌아와서 이야기를 하라. 이전의 대화 내용을 살펴보고, 기록을 읽어본 다음 당신이 이해한 지시사항을 명료화하는 작업을 하는 것이다. 그리고 혹시 가능하다면 상사가 얼간이 짓을 할 때 당신이 어떻게 대처해야 할지 물어보라.

# 감지하기 힘든
## 얼간이 상사의 행동 유형

●
●
●

고함치고 악쓰고 모욕적인 말을 하는 것은 최악의 얼간이 상사들이 하는 행동이며, 정말 대처하기 고통스럽고 어렵다는 것은 모두가 공감하는 사실이다. 그러면 그렇게 명백한 행동들 외에 좀 더 감지하기 힘들고 어떻게 대처해야 할지 잘 모르겠는 얼간이 상사의 행동 유형에 대해 살펴보자. 그리고 각 상황에서 어떻게 하면 논리적이고 체계적으로, 전문가답게 대처할 것인지 생각해보자.

아마 가장 흔하게 볼 수 있는 얼간이 상사의 시나리오가 아닐까 싶다. 절대 방심하지 않는 상사라 할지라도 어쩌다 한 번쯤은 이런 상황을 경험한 적이 있을 것이다. 문제는 이런 상황을 좀 더 빨리 예측하기가 어렵다는 것이다. 당신은 아마 이런 생각을 할 것이다. '이 문제가 생긴 지 몇 주나 됐는데…… 도대체 왜 좀 더 빨리 말해주지 않은 거야? 그랬으면 이런 손해는 막을 수 있었잖아.'

그렇다면 이러한 상황은 왜 발생하는 것일까? 상사가 정기적으로 일관되게 문제해결 과정을 도와주지 않고, 심지어 관리를 위한 대화를 피하는 경우가 많기 때문이다. 앞으로 일어날 가능성이 있는 문제들이라도 아주 작은 크기일 때 처리하면 매우 가볍게 지나갈 수 있다는 사실을 간과한 결과다.

가끔씩은 사소한 문제들이 계속 재발해서 결국 당신과 상사가 좌절감이나 분노에 가득 차 폭발하게 될 때도 있다. 또 사소한 문제들을 해결하는 것이 아예 당신의 업무내역에 포함되기도 한다. 어떤 작은 문제들은 시간이 갈수록 커지고 악화되어서 심각한 이슈가 될 때도 있다. 그럴 때, 당신과 상사가 너무 커져버린 문제를 해결하려고 애쓸 때에는 이미 일상적인 대화를 통해 풀기에 너무 늦은 일이 되어버린다. 따라서 이쯤 되면 엄청난 양의 시간과 에너지를 투자해야만 혼란을 잠재울 수 있다. 그리고 당신이나 상사나 모두 최선을 다하기가 어렵다. 몇 시간 동안 문제를 고치고, 쓸 만한 것을 찾아보고, 일을 제대로 하기 위해 청소를 하다 보면 '지금 도대체 우리가 뭘 하고 있는 건가'라는 생각을 하게 될 것이다. 사기가 저하되는 것이 당연하다. 그러다 보면 어려운 문제를 해결하려고 애쓴 후 다시 정신을 차리고 기분 좋게 다른 일에 착수하기가 매우 힘들다. 이런 상황에서 당신과 상사와의 관계는 점점 더 악화일로를 걷게 되기 마련이다.

상사가 이러한 얼간이 상사 시나리오를 피할 수 있도록 도와주기 위해 당신은 무엇을 할 수 있을까? 먼저 모든 업무단계마다 당신의 일과 관련된 문제들에 대해 눈을 크게 뜨고 살펴보도록 하자. 상사와 세부적인 업무내역에 대해 항상 의논하자. 상사가 당신의 성과에 대해 명확하고 솔직한 피드백을 줄 수 있도록 요청하라. 지속적으로 업무성과를 개선하기 위해 상사와 함께 무엇을 할 수 있을지 생각해보라. 아주 사소한 문제들도 바로바로 개선할 수 있도록 하자.

스스로에게 이런 질문을 해보기 바란다. "내가 일을 더 잘해내기 위해 무엇을 할 수 있을까? 내가 지금 당장 할 수 있는 것은 무엇인가? 이다음에 더 좋은 성과를 내기 위해 무엇을 할 수 있을까?"

## 부하직원의 일거수일투족에
## 강박적으로 집착하는 상사

상사가 부하직원의 성공적인 업무 완료를 촉진하기보다는 스스로의 불안감을 해소하는 데 집중하고 있을 때 부하직원의 일거수일투족에 강박적으로 집착하는 상황이 벌어진다. 이런 상사는 5분마다 당신이 뭐 하고 있는지 어깨 너머로 지켜보곤 한다. 어떤 때에는 꼭 지키지 않아도 될 형식을 반드시 갖춰야 한다고 강조하기도 한다. 또 불필요하게 구체적인 요구사항을 제시하거나 겉치레에 불과한 절차를 꼭 따라야 한다고 주장하는 모습도 보인다.

그렇다고 오해하지는 말기 바란다. 부하직원의 성과를 정밀하게 검토한다고 해서 모두가 얼간이 상사는 아니다. 상사가 특정한 스케줄에 맞춰 업무를 완료하기 바란다고 해서, 상세한 요구사항을 제시한다고 해서, 특정한 업무진행방법을 요구한다고 해서 모두 얼간이라고 말할 수는 없다. 얼간이 상사들은 사람들이 잘 이해할 수 없는 선택을 하고, 비즈니스에 도움이 되기 때문이라기보다는 개인적인 이유로 고집을 부린다. 그렇기 때문에 당신이 그 의사결정을 수행하기 위해서는 정말 어려움을 겪을 수밖에 없다.

상사가 이러한 얼간이 상사 시나리오를 피할 수 있도록 도와주기 위해 당신은 무엇을 할 수 있을까? 먼저 업무의 모든 단계에서 상사로 하여금 당신이 하고 있는 모든 과제들에 대한 구체적인 기대사항을 이야기하게 하자. 프로젝트 계획을 세우고, 최종 목표 달성에 대한 스케줄을 잡자. 모든 구체적인 행동들을 단계적으로 계획해보는 것이다. 조직 내 표준업무진행 과정이 존재하지 않는다면 상사에게 직접 찾아가서 당신이 무엇을, 어떻게, 왜 그렇게 해야 하는지 설명해달라고 요청하자. 그러고 나서는 정기적으로 상사에게 보고함으로써 당신의 업무진행과정을 검토해줄 수 있도록 하자.

만약 상사가 당신에게 잘 이해되지 않는 스케줄이나 작업내역, 업무 스케줄을 고집스럽게 요구한다면 당신이 기존에 알고 있던 표준업무진행 과정, 모범 사례들과 다른 점을 설명해줄 것을 부탁하자. 당신이 지시받은 내용과 그 업무를 진행해야 하는 방법을 명확히 이해할 수 있어야 한다. 세부적인 내용을 기록에 남기자. 당신의 책상으로 돌아가서는 지시받은 내용들을 프로젝트 계획, 최종 성과 보고 스케줄, 세부작업 설명서, 단계적인 행동 계획들로 꾸며보자. 상사에게도 이 자료를 넘겨주어야 한다. 상사가 당신의 업무진행과정을 잘 알 수 있도록 정기적으로 보고해주자. 이러한 전략은 상사의 불안 수준을 많이 낮춰줄 것이고, 당신과 당신의 업무에 대해 점점 더 신뢰를 가질 수 있게 해줄 것이다.

벨만 누르면 쪼르르 달려오는
비서 노릇을 요구하는 상사

이런 상사는 당신에게 고유 업무나 과제를 절대 주지 않고, 당신이 자기 주위를 맴돌면서 모든 심부름을 다 해줄 것을 요구한다. 상사가 당신의 주변에 있기만 하면 당신은 그 순간부터 마리오네트가 된 것 같은 느낌을 갖게 된다. 상사가 당신의 팔다리에 끈을 매달아 여기저기로 잡아당기고 밀어대면서 "이거 갖다 줘. 저것도 필요해. 누구누구한테 전화 걸어서 바꿔줘. 이러저러한 내용으로 이메일 보내. 이것도 갖고 오고, 저거는 누구한테 보내"라고 시키기 때문이다.

상사가 이러한 얼간이 상사 시나리오를 피할 수 있도록 도와주기 위해 당신은 무엇을 할 수 있을까? 먼저 업무의 모든 단계에서 상사가 최대한 다양한 과제들을 당신에게 제공하도록 하자. 당신의 목표는 상사가 점점 더 크고 복잡한 과제들을 당신에게 주도록 해서 시간이 갈수록 점점 더 독자적으로 당신이 일할 수 있는 시간을 늘려가는 것이다. 그러기 위해 당신은 언제든지 노트와 펜(아니면 전자기기)을 가지고 다녀야 한다.

상사가 당신에게 일을 시킬 때마다 이런 질문을 하는 습관을 들여야 한다. "알겠습니다. 이 일을 이렇게 하도록 하겠습니다. 그런 다음에는 어떻게 할까요?" 예민하게 집중하고, 핵심적인 질문을 하고, 기록하고, 모든 업무단계를 잘 숙지해서 더 큰 책임을 져야 하는 일을 맡을 수 있도록 하자. 그러다 보면 더 중요하고 핵심적인 일이 생길 때에도 상사가 초기의 한두 가지만 지시하면, 그 다음에 필요한 것은 어느 것인지 예측할 수 있다. "그러면 제가 A−B−C−D−E 순서로 하면 되겠네요. 제 생각이 맞는지요?" 이러한 전략은 상사가 당신을 하루 종일 조종하지 않고도 당신 스스로 일을 더 현명하고 신속하게, 더 훌륭하게 할 수 있는 재량권을 얻을 수 있게 해줄 것이다.

## 모든 것을 부하직원에게 맡기는 척하지만<br>결코 곳간열쇠를 내놓으려 하지 않는 상사

이런 상사는 종종 책임지기를 두려워하고, 상사로서의 역할을 거부하기도 한다. 그래서 부하직원이 맡은 역할이 무엇인지, 그리고 부하직원이 하지 말아야 할 것이 무엇인지 명확하게 설명해주지 않는다. 어떤 때에는 상사 자신도 어떤 일을 해야 하는지, 어떤 식으로 일을 진행해야 하는지 명확하게 모르기도 한다.

상사가 "○○씨가 한번 해봐. 당신 생각대로 잘 해보면 돼"라고 말한다면 이 시나리오를 떠올리면 된다. 그럴 때에는 스스로에게 질문해보라. "음······ 뭘 해야 하는지, 어떻게 해야 하는지 내가 결정해도 될까?" 당신의 머릿속에서 '아닌 것 같은데'라는 대답이 들리면 바로 상사에게 질문하는 것이 좋다.

상사가 이러한 얼간이 상사 시나리오를 피할 수 있도록 도와주기 위해 당신은 무엇을 할 수 있을까? 먼저 업무의 모든 단계에서 상사로 하여금 모든 과제와 프로젝트에 대한 세부적인 요구사항과 기대사항을 이야기해주도록 하자. 지켜야 할 규정과 규칙이 있는지, 기존의 모범 사례가 있는지, 표준업무진행 과정이 있는지 문의해보자. 체크리스트가 있는지도 알아봐야 한다. 일을 하는 데 참고할 수 있는 작업 샘플이 있다면 더 좋다. 이런 참고자료들이 하나도 없다면 그때는 할 수 없다. 자신의 계획, 작업내역, 체크리스트들을 만들어서 일을 시작하기 전에 상사와 공유하라. 상사에게는 이렇게 설명해줘야 한다. "이번 프로젝트에서 제가 해야 할 일과 업무진행계획에 대해 정리해보았습니다." 그렇게 하면 잘못된 방향으로 시간과 노력이 낭비되는 것을 막을 수 있다.

## 큰 의사결정만 하려 하고
## 중간과정 관리는 하지 않으려는 상사

이런 상사를 보면 정확한 정보를 갖고 있지 않거나 때로는 잘못된 정보를 갖고 있기도 하다. 어떤 때에는 자신이 잘 모른다는 사실조차 자각하지 못하기도 한다.

오해는 하지 말자. 상사가 갑자기 나타나 모든 사람에게 영향을 줄 만한 큰 결정을 한다고 해서 그 상사가 반드시 얼간이인 것은 아니다. 또 상사가 특정 업무에 대해 정보를 갖고 있지 않거나 잘못된 정보를 갖고 있다고 해서 반드시 얼간이라고 말하기는 어렵다. 진정한 얼간이 상사는 누가 무엇을, 어디서, 왜, 어떻게 하는지에 대해 전혀 점검하거나 검토하지 않으면서 덜컥 마음 내키는 대로 결정을 내리는 사람을 말한다.

상사가 이러한 얼간이 상사 시나리오를 피할 수 있도록 도와주기 위해 당신은 무엇을 할 수 있을까? 먼저 업무의 모든 단계에서 상사에게 지속적으로 정보를 제공하라. 이 정보는 반드시 매우 솔직하고 정확하고 내용이 충실한 것이어서 신뢰할 만한 것이어야 한다. 실무 현장에서 상사의 눈과 귀 역할을 하고 상사에게 정기적으로 보고하라. 당신이 현재 무엇을 하고 있으며, 왜 그 일을 하는지, 언제, 어디서, 어떻게 일하는지 정확하게 상사에게 알려주는 것이다. 상사가 꼭 알아야 할 중요한 정보가 있다면 반드시 보고해야 한다. 하지만 동료들에 대한 소문을 일러바치고, 동료들의 허물을 고자질하는 짓은 절대 하면 안 된다. 상사와는 업무에 대해서만 이야기하자. 일에 대해 잘 알지 못하거나 잘못된 정보만 갖고 있는 상사에 대해서는 항상 일관되고 전문가다운 태도로 일에 대한 정보를 제공하자(무엇을, 누가, 어디서, 언제, 왜, 어떻게).

## 문제가 터지기 전까지 절대 개입하지 않다가
## 큰일이 생기면 부하직원을 다그치는 상사


이런 상사는 자신의 지휘 권한에 대해 불편을 느끼는 경우가 많다. 이들은 다음과 같은 말을 자주 한다. "나를 상사로 생각하지 마세요. 우리는 같이 일하잖아요. 뭐, ○○씨가 나를 위해 일하나요? 우리는 동료이고, 파트너예요."

종종 이런 상사는 업무관계에서 지휘권을 싹 빼버리고 부하직원과 친구관계를 유지하는 척한다. 자신도 일반 구성원 중 한 명으로 생각되기를 바라기도 한다.

물론 직속부하와 친구관계를 맺는다고 해서 무조건 그 상사를 얼간이라고 부를 수는 없다. 진정한 얼간이 상사는 평소에는 '친구처럼 친한' 상사의 모습을 보이다가 상황이 안 좋아지면 곧바로 독재자로 변하는 사람을 말한다.

상사가 이러한 얼간이 상사 시나리오를 피할 수 있도록 도와주기 위해 당신은 무엇을 할 수 있을까? 먼저 업무의 모든 단계에서 상사가 갖고 있는 지휘권과 파워에 대해 지속적으로 인식시켜주어야 한다. 상사와 함께 진행하는 업무에 대해 이야기하면서 진정한 상사와 부하의 관계를 구축할 수 있도록 상사를 조력하자. 상사가 개인적인 이야기를 하면서 시간을 보내려는 눈치를 보이면 바로 일에 대한 이야기를 시작하라.

상사에게 업무지도, 방향 제시, 역량 육성을 요청하라. 상사가 "나를 상사라고 생각하지 마세요"라고 말을 하면 이렇게 대답해주자. "부장님이 제 상사라는 사실은 저한테 의미가 큽니다." 당신의 업무목표와 마감일, 프로젝트와 계획에 대해 이야기하라. 당신의 성과와 개선사항, 교육니즈와 근무환경, 커리어 개발에 대한 논의를 해보는 것이다. 상사의 권위와 영향력이 당신의 커리어 개발에 얼마나 많은 영향을 줄 수 있는지 다시 한번 상기시키고, 상사의 지원에 대해 얼마나 감사하고 있는지도 강조하라.


## 부하직원을 겁주고 밉살스럽게 굴며 모욕적인 언사를 하는 상사


이런 상사는 종종 부하직원에게 고함을 치고 악을 쓰며 협박을 하고 모욕적인 말을 한다. 심지어 폭력을 행사하기도 한다. 왜 그럴까?

이런 상사의 특징은 분노를 조절하는 데 문제가 있거나, 조직의 최상부에 있지만 흥청거리며 놀기만 한다는 것이다. 또 자기 자신이 매우 중요한 인물이라는 느낌을 갖고 싶어 한다. 그야말로 반 친구들을 괴롭히던 고등학교 일진이 회사로 옮겨온 꼴이다. 그들은 매우 무책임하고, 다른 사람들에게 해를 끼치기도 한다.

상사가 이러한 얼간이 상사 시나리오를 피할 수 있도록 도와주기 위해 당신은 무엇을 할 수 있을까? 먼저 그러한 행동은 상사의 심리적인 문제이지 당신의 문제는 아니라는 것을 기억해야 한다. 앞에 나왔던 TV회사의 중역과 투자은행의 핵심인재가 들려준 조언을 잊지 말기 바란다. 항상 전문가다운 태도를 유지하라. 당황하거나 흥분하지 마라. 목소리를 높여서도 안 된다. 요구사항들을 정리해 업무에 적용하라. 그리고 날짜, 시간, 구체적인 상사의 말과 행동의 실례 등을 자세하게 기록하라.

이런 상황에서 반드시 생각해봐야 할 질문(모든 얼간이 상사 시나리오에 적용된다)은 다음과 같다. '상사의 행동은 정말 얼간이 같은 것이었는가?' 당신과 상사가 함께 논의해볼 만한 명확한 행동 유형이나 에피소드가 있는가? 그렇다면 상사에게 어떤 일이 일어났는지 이야기해서 자신의 행동에 대해 인식하도록 하고, 유사한 상황이 다시 일어난다면 당신이 어떻게 대처해야 할지에 대해 이야기해주도록 하자. 물론 이렇게 하면 상사가 더 혈

압을 올릴 수도 있다. 최악의 경우 당신의 책상이 사무실에서 빠져버릴 수도 있다. 하지만 도저히 이 상사와 일을 할 수가 없다는 생각이 든다면 이러한 방법도 고려해볼 필요가 있다.

상사가 지속적으로 문제가 될 만한 행동을 보이는데 당신이 혼자서 대처할 수 없다면, 게다가 당신은 이 회사를 그만둘 생각이 없다면 마음을 단단히 먹어라. 그때부터는 상사의 모든 부당한 행동들을 자세히 기록해서 파일을 만들고 상사의 상사, 인사팀, 법무팀, 고용기회균등위원회에 보고해야 할지도 모른다. 하지만 가능하면 일을 지나치게 어렵게 만들지는 말자.

# 폭력적인 상사와의
# 거친 대화에 대비하라

●
●
●

상사의 행동이 명확하게 모욕적이거나 폭력적이었다고 생각된다면 상사에게 자신의 생각을 전달하기 위해 세밀한 계획을 세워야 한다. 물론 쉬운 일은 아닐 것이다. 하지만 이를 통해 당신은 매우 긍정적인 결과를 얻을 수 있다.

우선 상사의 얼간이 행동들을 적어놓은 기록들을 살펴보자. 상사가 얼간이 같은 행동을 했을 때의 날짜와 시간, 상사의 언어 표현과 행동에 대한 기술, 그로 인한 결과 등 필요한 자료들이 다 있는지 검토해보는 것이다. 그리고 나서 각 상황에서 당신이 어떤 역할을 했는지 기억해보라. '상사가 얼간이 짓을 하지 않도록 열심히 노력했는가?' '모든 상황에서 전문가다운 태도를 유지했는가?' 대화를 원활히 이끌어가기 위해 자세하게 기록해놓자. 상사가 당신에게 어떤 말을 할지 예측해보는 것이다.

상사와 1대1 면담을 하면서 구체적인 상사의 행동에 대해 되짚어보고 같이 이야기하기를 원한다는 사실을 전달하라. 그러고 나서 다음과 같은 과정을 밟아보자.

- 그동안 기록해온 자료들을 제시하자. 최대한 자세하고 구체적인 내용이어야 한다. 상세한 상황을 묘사하고, 날짜와 시간까지 이야기하자.
- 상사에게 당신이 이야기한 것에 동의하는지 확인하자. 상사가 동의하지 않는다면 상사 스스로 그 상황을 어떻게 생각하는지 이야기해줄 것을 요청하자.
- 만약 유사한 상황이 다시 벌어진다면 당신이 어떻게 행동하기를 원하는지 상사에게 명확한 지시를 내려달라고 요청하라. 특히 상사가 동일하게 폭력적인 언어 표현과 행동을 되풀이한다면 당신이 어떻게 상호작용을 해야 할지에 대해 도움을 구하라.

# 상사가 얼간이 짓을
# 그만두지 않는다면?

●
●
●

더 좋은 업무관계를 만들기 위해 열심히 노력했음에도 불구하고 상사가 얼간이 짓을 그만두지 않는다면, 이러한 상황에서 당신을 구출할 만한 또 다른 방법을 찾아야 한다. 조직 내에서 다른 상사를 찾아볼 수도 있고, 상사의 상사를 찾아가거나, 제3자에게 의논을 할 수도 있다. 물론 회사를 그만둘 수도 있다. 상황에 따라 당신에게 도움이 될 만한 관리자를 찾아볼 수도 있다. 우선은 주위를 둘러보고 당신을 인정해주고, 당신이 최적의 성과를 거둘 수 있도록 도와줄 만한 다른 관리자들이 있는지 살펴보자. 그중 한 관리자를 선택해서 당신에게 일을 많이 주어서 바쁘게 만들어달라고 부탁하라. 그렇게 되면 얼간이 상사가 더 이상 당신 옆에 다가오기 어려울 것이다.

퇴사를 하는 것도 물론 얼간이 상사로부터 도망칠 수 있는 하나의 방법이다. 하지만 상사의 상사에게 직접 이야기를 하거나 제3자에게 의논을 해서 당신의 책상은 유지하고 얼간이 상사를 내보내는 방법도 가능하다. 그래야 하는 이유는 다음과 같다.

- 상사가 정말 대책 없는 얼간이일 경우 조직이 감수해야 하는 비용적 손해는 상상 이상으로 크다. 따라서 당신은 조직의 임원이 현재 상황에 대해 인식하도록 해주어야 할 의무가 있다.
- 얼간이 상사는 오히려 조직 구성원들에게 당신에 대해 나쁜 평판을 퍼뜨릴 수 있다. 따라서 당신은 사람들에게 이 업무관계가 당신 때문에 망쳐진 것이 아니라는 것을 반드시 알려주어야 한다.
- 법적인 절차를 밟고 싶다면 공식적인 고충처리제도를 이용하는 것이 좋다. 가장 먼저 해야 할 일은 상사의 상사에게 보고하거나 인사팀에 의논하는 것이다.

물론 상사의 상사에게 직접 찾아가거나 인사팀에 가서 불만을 이야기하는 것은 상당히 불편하고 어느 정도는 두려운 과정이다. 따라서 이러한 행동을 너무 가볍게 생각하지는 말기 바란다. 우선은 스스로의 힘으로 지금 상황을 해결해보기 위해 최선의

노력을 다해보라. 왜냐하면 외부의 힘을 빌리기 시작하면 중간
에 그만둘 수 없기 때문이다. 툭하면 소송을 일삼고, 툴툴대며
불평을 해대거나 문제를 일으키는 말썽꾸러기로 비춰지면 안 되
지 않나. 지금과 같은 모든 문제를 일으킨 것은 당신이 아니라
상사라는 사실을 명확히 하기 위해 노력할 필요가 있다.

# 상사관리,
# **본격적으로**
# 시작해보자

# 새로운 방식으로
# 상사를 놀라게 하라

●
●
●

드디어 이 책의 마지막 장에 도달했다. 지금쯤 아마도 당신은 상사들과 다양한 활동을 함께 할 준비가 되어 있을 것이다. 이미 당신의 일과 관련된 모든 상사들과 1대1 면담을 계획해보지 않았을까. 어쩌면 오늘 아침에 상사와 미팅을 했을지도 모르겠다. 물론 미리 준비한 노트를 옆에 끼고 들어갔을 것이라 믿는다.

당신이 새로운 접근방식을 행동에 옮기면 상사는 다소 놀랄 수도 있다. 하지만 아마 상사는 이렇게 혼잣말을 할 것이다. "○○씨는 이번 주 내내 저 노트를 들고 돌아다니더군. 뭔가 새로운 일을 시작하려고 하는 것 같아. 작심삼일로 끝날까, 아니면 진득하게 뭔가를 해낼까? 궁금하군."

상사는 당신의 새로운 시도를 진지하게 받아들여줄까? 새로운 접근방법은 허사로 돌아갈까, 아니면 뭔가 효과를 낳을까? 그 대답은 전적으로 당신에게 달려 있다.

나는 당신이 앞으로 참여하게 될 모든 상사와의 관계에서 스스로의 역할과 행동에 대해 점점 더 많은 책임감을 갖게 될 것이라고 확신한다. 각각의 상사들을 관리하는 과정에서 당신은 진정한 변화를 만들어낼 것이다.

또한 현실을 고려하는 자세도 필요하다. 당신은 정말 엄청나게 바쁘지 않나. 새로운 접근전략을 시도해보려면 특히 많은 시간이 필요하다. 어떤 상사는 불평을 할 수도 있다. "왜 이렇게 질문을 많이 해? 무슨 방향 제시니, 지시니 해달라는 게 이렇게 많아? 갑자기 피드백 못 받아 죽은 귀신이 붙은 거야?" 어떤 동료는 최근 들어 당신이 너무 열심히 일을 한다고 생각하고 당신에게 이렇게 속삭일 수도 있다. "이봐, 좀 천천히 해. 당신 때문에 내가 게으른 인간처럼 보이잖아."

그렇게 되면 당신은 자연스럽게 새로운 접근방법이 바람직하지 않은지 의심해보게 될 것이다. 뭔가 일이 제대로 되어가는 것 같지도 않고, 이제까지 MVP 직원이 되어본 경험도 없으니 말이다. 그러다 보면 서서히 새로운 접근법에서 손을 떼고 과거의 상황으로 돌아가게 된다.

상사와 절대 이야기하지 않던 과거의 익숙한 상황으로 돌아오면 저절로 이런 말이 나올 것이다. "휴! 이제 좀 살 만하네!" 물론 상사와 함께 머리를 맞대고 문제를 풀어보기 위해 지속적으로 상호작용을 하는 것은 익숙하지 않고 불편하게 느껴질 수 있다. 하지만 새로운 시도를 하지 않는다면 또 하나의 위기상황이 닥치기 전까지는 절대 상사와 이야기하지 않게 된다. 그러면서 모든 것이 다 잘 돌아가고 있다고 스스로를 속일 수밖에 없는 것이다.

# 변화에 대한 결정은
# 서두르면 안 된다

●
●
●

이 책의 모든 장에서 나는 당신이 함께 일하고 있는 모든 상사와의 관계에 더욱 적극적으로 참여할 것을 권했다. 이제 모든 상사와의 관계에서 당신이 해야 할 역할에 대해 더 많은 책임감을 갖기를 기대한다.

바로 이것이 나의 미션이다. '열심히 일하는 조직 구성원과 리더들 간의 업무관계 개선하기.' 나는 당신이 보다 건강하고 원리원칙을 준수하며, 일에 전념하는 사람이 되기를 기대한다. 스스로에게 더 높은 기준을 제시하고, 모든 상사와 더 밀접한 관계를 가지며 일하기를 바란다. 모든 상사와의 관계에 적극적으로 참여해서 책임감 있게 당신의 역할을 해내기를 고대한다. 그에 앞서 우선 자기 자신이 정말 변화할 준비가 되어 있는지 알아보기 위해 차분하게 숨을 고르자.

심사숙고해보자. '나는 정말 변화할 준비가 되어 있는가? 진정으로 변화하고 싶은가?' '시간과 에너지, 노력을 들여 지속적으로 변화에 전념할 능력이 있는가?' '모든 상사에게 가장 가치 있는 직원으로 인정받을 만한 준비가 되어 있는가?' '자기관리를 잘해낼 자신이 있는가?' '모든 상사와의 관계를 훌륭하게 관리해낼 준비가 되어 있는가?' '조직에서 내가 맡은 역할은 언제든지 변화한다. 나의 업무관계는 반드시 변할 것이다. 업무에 대한 나의 경험은 변할 수밖에 없다. 나는 매일 성공을 거두기 위해 준비하고, 상사가 나를 도와줄 수 있도록 조력할 것이다. 이것이 지금부터 내가 해야 할 일이다.'

당신은 이런 준비가 되어 있다고 확신하는가?

# 현재의 조직문화를
# 파악하라

●
●
●

상사와 자신에 대한 관리방법을 바꾸기 전에 현재 일하고 있는 조직의 문화에 대해서도 반드시 생각해봐야 한다. 당신의 조직은 건강하고 야망이 크며 성공을 꿈꾸는 사람들을 지지하는 가, 아니면 다소 (개인적인 생각이나 꿈을) 억누르며 일하는 분위기인가? 조직 구성원들은 모두 일에 전념하고 모든 상사들과 지속적으로 대화를 하는 편인가, 아니면 상사와 상관없이 독립적으로 일하는 분위기인가? 상사들은 부하직원과의 관계에 적극적으로 참여하는가, 아니면 손을 놓고 있는 편인가? 이러한 조직문화의 맥락에서 항상 일을 잘하려 애쓰고 일에 전념하며, 지속적으로 모든 상사들과 대화를 하려 노력하는 모습은 어떻게 비칠 것인가? 사람들은 그러한 모습을 자연스럽게 받아들일까, 아니면 '너무 튄다'고 생각할까?

주위 사람들이 자신의 조직문화에 대해 이야기해준 내용들을 다음과 같이 정리해보았다.

- "우리 회사는 정말 보수적입니다. 상사에 대한 직언? 그런 건 꿈도 못 꿔요. 모든 구성원들은 숨죽이고 조용히 살아갑니다."
- "저희 조직은 매우 자유로운 곳이에요. 모든 사람들은 알아서 자기 일을 하고, 관리자들은 상사 티를 내지 않습니다. 서로에 대해 별 관심이 없고 관여하지 않는 편입니다."
- "우리 회사는 매우 큰 편이에요. 관료주의가 팽배해 있죠. 그러다 보니 사람들은 서로 모르는 척하고, 관리자와 부하직원 관계에서도 서로의 생각을 별로 이야기하지 않습니다."
- "저희 조직은 매우 작습니다. 동료들과 가족같이 일하지요. 하지만 관리를 할 때 세밀하게 관심을 가져주거나 업무 모니터링을 해주지는 않습니다."
- "제가 하는 일은 높은 수준의 기술을 필요로 하고, 매우 창의적인 생각을 요구합니다. 그러다 보니 상사와의 업무관계 자체가 별로 존재하지 않아요."
- "저희 회사의 부하직원들은 평균적으로 연령이 높습니다. 조직문화상 별로 일을 열심히 하지 않고, 서로의 마음을 열지 않으

며, 상사들도 부하직원 관리를 별로 안 하죠."

　이 이야기들 중에 '어, 우리 회사랑 비슷하군' 이라고 생각되는 내용이 분명 있을 것이다. 그도 그럴 것이 현재 기업조직들에서는 규모나 형태, 조직도에 상관없이 부실관리가 팽배해 있기 때문이다. 그래서 대부분의 조직문화는 서로에게 큰 관심을 보이지 않고, 서로의 생각을 공유하지 않으며, 절대 부하직원을 관리하지 않는 스타일을 지지한다.

　이러한 상황에서는 어떻게 하면 좋을까? 차별화 전략을 취해보자. 그리고 동네방네에 이 사실을 알리자. 야심이 크고 성공하고 싶은 사람으로 우뚝 서서 일에 전념하고 열심히 노력하는 구성원이 되자. 모든 상사들과 밀접한 관계를 맺으면서 일에 뛰어드는 당신의 태도가 조직 내에서 지나치게 튄다면 튀는 인간이되라. 남들과 다른 사람이 된다는 것은 매우 불편할 수 있다. 하지만 어쨌든 시작해보라. 건강한 조직 구성원이 된다는 것을 두려워하지 말자.

　어떤 조직문화든 상사가 부하직원을 잘 관리하기를 기대하게마련이다. 따라서 당신의 레이더에 잡히지 않았을 뿐 어딘가에 모범적인 상사와 부하의 관계가 있을 수도 있다. 또는 당신의 노력이 다른 사람에게 좋은 영향을 미칠 수도 있다.

　모든 상사와 밀접한 업무관계를 맺기로 마음을 먹는다는 것은 매우 큰 결정이다. 스스로 준비가 되었다고 생각된다면 지속적으로 변화를 일으키기 위해 움직여야 할 때라는 것을 기억하고 그러한 결심을 자기 자신에게 계속 상기시키자.

# 우선 **자기관리**에
# **초점**을 맞추자

●
●
●

가장 먼저 해야 할 일은 매일 관리해야 할 첫 번째 대상이
'자신'이라는 사실을 명확히 이해하는 것이다. 개인적인 생활에
서도 자신을 잘 돌보아서 매일 최적의 컨디션으로 출근할 수 있
도록 하자. 출근은 조금 일찍, 퇴근은 조금 늦게 하는 것도 좋다.
미래의 일을 걱정하기 전에 현재 자신이 맡은 일에 전념하자. 어
떻게 하면 근무시간 내에 주어진 일을 더 신속하고 더 훌륭하게
해낼 수 있을지 고민해보자. 상사에게 좋은 인상을 주고 싶다면
투덜이가 아닌 문제해결자가 되어라. 또한 자신의 성과에 대한
평가를 지속적으로 수행해 스스로를 개발하라.

　각 상황의 맥락을 잘 생각하고, 당신이 맡아야 할 역할에 대해

고민해보라. 스스로에게 다음과 같은 질문을 던져보자. "이 상황에서 나는 어떤 역할을 해야 할까? 나는 왜 이 부서에 배치되었을까? 현재 나에게 문제가 되는 것은 무엇인가? 조직 내 다른 구성원들과의 관계에서 내가 맡아야 할 역할은 무엇일까? 회사의 미션을 이루는 과정에서 내가 해야 할 일은 무엇인가?" 자신에게 맡겨진 역할을 110% 해내는 데 집중하라. 말과 행동을 신중하게 하고, 최고의 아이디어를 내기 위해 노력하자. 조직의 전체 미션과 관련해 당신이 맡은 일이 정말 시시하고 지루하며 반복적이라 해도 최고의 결과를 내기 위해 애쓰자. 태도는 정말 중요하다(아주 아주 많이. 노력 또한 매우 중요한 요소다).

인간관계라는 '예술'의 달인이 되기 위해 노력하자. 관계를 맺을 때에는 당신이 다른 사람에게 바라는 것보다 다른 사람에게 제공해야 하는 것에 초점을 맞추어보자. 신뢰할 수 있는 사람의 전형이 되어보자. 이기적인 생각은 버리자. 사람들의 이야기를 신중하게 듣고 공감하라. 상대방에 대한 존경과 애정을 표현하라. 자신의 생각을 명확하게 표현하고 상대방이 그것을 이해하도록 만들자. 다른 사람에게 동기를 부여할 수 있는 사람이 되자. 다른 사람의 성공을 진심으로 축하해주자.

훌륭한 일터의 구성원(great workplace citizen)이 되기 위해 노력하자. 가능하면 마감일 이전에 일을 끝내고, 약속된 것보다 더 높은 수준으로 일을 해주자. 다른 사람들에 대해 나쁜 말을 하지 말고, 그 사람이 없을 때 뒷담화를 하지 말자. 반드시 약속을 지키자. 신뢰를 주는 사람이 되자. 정확한 정보를 가진 사람이 되자. 사람들을 기다리게 하지 말자. 옷에 신경을 쓰지 않는 사람보다는 꽤 신경을 쓰는 사람이 되자. 예전부터 전해 내려오는 좋은 태도들을 익히자.

# 상사와의 대화로
# 지원군을 얻을 수 있다

●
●
●

자기관리를 시작한 다음에는 상사와 이야기하는 방법을 배우는 것이 좋다. 대부분의 상사들은 부하직원에게서 이러한 이야기를 듣고 싶어 한다. "저는 일을 좀 더 열심히 해보고 싶습니다. 저는 부장님들과 좀 더 밀접한 관계를 가지며 일을 하고 싶습니다. 저는 앞으로 좀 더 적극적으로 제 역할을 수행해보고 싶습니다." 이런 말을 들으면 그 어떤 상사라도 매우 기뻐하며 당신의 일을 도와줄 것이다. 하지만 혹시라도 어떤 상사가 당신에게 방해물이 된다면 해결할 수 있는 방법을 곧바로 찾아내야만 한다.

상사와 대화를 할 때에는 당신이 이야기하고 싶은 내용이 무엇인지 명확하게 이해시켜야 한다. 이때에는 정직하고 솔직한 태도를 보이는 것이 중요하다. 상사에게 당신의 일을 지원해줄 수 있는지 질문해보고, 상사의 도움과 지도가 필요하다는 사실을 호소하라. 그리고 당신과 상사가 함께 일하는 데 도움이 될 표준업무진행 과정에 대해 논의하라.

모든 상사들과 이야기를 해봤다면 이제 앞으로 다가올 변화에 대처하기 위해 도움을 청해야 할 동료들이 누구인지 파악해보자. 당신이나 당신의 부하직원이 정기적으로 상호작용을 하는 사람들에게 앞으로의 변화가 어떤 영향을 미칠지 한번 생각해보라. 당신의 일에 관련된 사람들과 1대1로 만나서 이야기해보자. 그들에게 당신의 계획에 대해 설명하고 도움을 요청하라. 그러한 대화를 통해 당신은 심리적인 지원을 얻을 수 있고, 운이 따라준다면 변화 과정에 더 전념할 수 있을 것이다.

# 상사의 특성에 맞게
# 전략을 조율하라

●
●
●

모든 상사는 독특하다는 사실을 잊지 마라. 그 어떤 상사라도 부하직원을 관리하는 데 있어서 자신만의 스타일, 선호도, 습관을 갖고 있다. 업무평가를 하는 데 있어서도 각각의 기준이 다르다. 상사와 함께 일을 할 때에는 그 상사가 당신이 하는 일의 어떤 점을 평가하고 중요시하는지에 관심을 갖자.

각각의 상사와 일을 할 때 지켜야 할 기본적인 규칙을 만들어 놓으면 일이 훨씬 쉬워진다. 전반적인 목표(생산성, 품질 기준, 측정 가능한 성과), 일을 진행하는 방법, 비언어적 행동(태도, 표정) 등 앞으로 어떻게 일을 진행해나갈지에 대해서는 초반부터 기준을 정해놓자.

업무관계에 있어서 반드시 합의해야 할 가장 중요한 요소는 커뮤니케이션 방법이다. '얼마나 자주 만날까? 미팅은 한 번에 몇 분이나 할까? 미팅에서는 주로 어떤 이야기를 할까?' 1대1 면담을 할 때에는 정기적으로 만나는 장소와 시간을 정해두는 것이 바람직하다. 1대1 면담은 15~20분 정도만 진행하는 것이 이상적이다.

물론 상사와 부하 간의 역동적인 대화 과정은 시간이 지나면서 많은 변화를 겪게 된다. 하지만 우리의 목표는 전반적인 사항들(기대에 대한 명료화, 필요한 자원에 대한 검토, 성과 측정, 문제 해결, 수정 및 보완 과정)을 명확하게 이해하고 상사를 도와 앞으로 나아가는 것이다. 1대1 면담에서는 상사로 하여금 당신의 업무진행과정에 대해 질문하도록 유도해야 한다. '단기목표를 달성하였는가?' '작업내역에 있는 모든 항목들을 완료했는가?' '가이드라인과 세부내역에서 정해진 수준의 성과를 만들었는가?' '약속된 일정 내에 신속하게 일을 하였는가?' '당신의 최종 성과는 완성도가 높은가?' '이전보다 더 좋은 성과를 만들어냈는가?' '우선순위, 업무계획, 업무스케줄, 다음의 업무단계에 대한 전략을 보다 정교화하기 위해서는 무엇을 해야 하는가?'

상사들과 1대1 면담을 시작하게 되면 상사의 독특한 특성이 파악될 것이다. 각 상사에 맞게 접근 전략을 조율하기 위해서는 다음의 질문들을 활용해보자.

- 이 상사는 어떤 사람인가?

- 나는 이 상사를 왜 관리해야 하는가?

- 이 상사와 어떤 이야기를 해야 하는가?

- 이 상사와는 어떻게 의사소통을 하는 것이 좋은가?

- 이 상사와는 어디서 이야기를 하면 좋을까?

- 이 상사와는 언제 대화를 하면 좋을까?

이 질문들을 잘 활용하면 각 상사에 맞게 접근법을 조율하는 데 큰 도움이 될 것이다. 나는 이 과정을 '조율용 렌즈(customizing lens)'라고 부른다. 이 과정은 몇 십만 명의 세미나 참가자들이 관리자, 동료, 부하직원들과의 관계를 조율하기 위해 활용해본 결과 굉장한 효과를 거둔 바 있다. 지속적으로 이 질문들을 묻고 대답하는 습관을 들여 효율적인 관계를 조율하기 바란다.

# 상사관리의
# 네 가지 기본사항

.
.
.

가장 어려운 부분은 매일(또는 이틀에 한 번, 일주일에 한 번) 시간을 정해 상사와 1대1로 대화를 하면서 현재 진행되는 일에 대해 논의하는 습관을 들이는 것이다. 새로운 습관에 익숙해지는 데에는 시간이 걸리고, 그 행동을 능숙하게 하기 위해서는 또 시간이 필요하다. 당신뿐 아니라 상사도 마찬가지다.

중요한 것은 당신이 주도권을 잡는 것이다. 각 상사와 얼마나 자주 만날 것인지 정하고, 1대1 면담을 할 수 있는 스케줄을 잡아라. 면담의 내용은 간략하고 명확하며 핵심에 집중되어 있어야 한다. 미리 준비를 많이 해서 원활한 논의가 이루어지도록 하자.

상사와 1대1 면담을 할 때에는 다음의 네 가지 기본사항들에 초점을 맞추면 좋다.

- 당신에게 기대되고 있는 것
- 그 기대를 충족시키기 위해 필요한 자원들
- 성과에 대한 솔직한 피드백
- 필요한 경우 업무진행과정의 수정 및 보완에 대한 지원
- 열심히 일했을 때 받을 수 있는 인정과 보상

지속적으로 면담을 하다 보면 상사와 더 좋은 업무관계를 맺을 수 있다. 서로에 대해 더 많이 이해하고 현 상황에 대해서도 더욱 잘 파악하면 자연스럽게 상사는 당신에게 더 많은 지원을 해주면서 더 튼튼한 업무관계를 발전시켜 나가게 될 것이다.

# 기대사항을 명료화하고
# 성과를 점검하라

●
●
●

상사에게서 가장 먼저 얻어내야 하는 관리의 기본사항은 업무와 관련해 당신에게 주어지는 기대사항을 명확하게 알아내는 것이다. 상사로 하여금 당신에게 일을 줄 때에는 기대사항을 명료하게 설명하도록 하라. 그렇게 하면 일을 진행해나갈 때 그 기대사항들을 확인하고, 수정하고, 적용시킬 수 있다. 당신이 해야 할 일과 일의 진행방법을 명확하게 이해하는 것이 무엇보다 중요하다.

기대사항을 명료화하기 위한 핵심요소들은 다음과 같다.

- 명확한 목표: 구체적인 최종 성과 목록

- 각 목표의 명확한 가이드라인: 목표를 달성하기 위한 모든 세부사항과 요구사항들
- 모든 목표의 정확한 마감기한: 목표를 달성하기 위해 필요한 모든 단계의 스케줄

상사관리를 시작할 때에는 당신과 상사가 손쉽게 성과관리를 할 수 있도록 간단하고 실용적인 시스템을 개발하는 것이 좋다. 어떤 시스템을 만들든 간에 이 책에서 배웠던 핵심요소들을 포함시켜보자. 가령 기대사항(목표, 요구사항, 지시사항, 마감일), 각 기대사항을 달성하기 위해 수행해야 할 구체적인 행동들, 당신의 행동이 얼마나 기대를 잘 충족시켰는지 측정하기 위한 기준 등이 있다. 지속적으로 당신의 일에 대해 기록하라. 모든 업무단계에서 당신의 성과에 대해 명확히 설명하고 기록을 남기자.

# 자원 계획의
# 중요한 3단계

●
●
●

일에 필요한 자원을 계획하는 것은 현재 하고 있는 업무에 대해 상사와 이야기를 할 때 반드시 포함해야 할 부분이다. 자원 계획의 첫 번째 단계는 핵심적인 자원 목록을 작성하는 것이다. 지속적으로 그 목록을 점검하고 활용해야만 각 자원을 얻는 데 충분한 시간을 확보할 수 있다. 전체적인 소요시간을 계산할 때에는 요청하기, 자원 준비하기, 자원 배송 받기, 자원을 받고 사용하기 시작하는 데 드는 시간을 모두 고려해야 한다. 따라서 한 발짝 정도 항상 앞서서 생각하는 자세가 필요하다.

자원 계획의 두 번째 단계는 '공급망(supply chain)'에 대한 조사를 하는 것이다. 필요한 자원을 쓸 수 있는지 알아보고, 어떤 곳에 문의해야 얻을 수 있는지 알아보는 것이다. 그 자원을 얻는데 필요한 과정과 비용, 총 소요시간은 어느 정도인지 파악하자.

자원 계획의 세 번째 단계는 원하는 자원을 얻을 수 없을 경우 가능한 차선책은 무엇인지 미리 알아보는 것이다. 즉, 자원이 부족하더라도 업무를 완료할 수 있는 B안을 마련해놓아야 한다.

# 유연한 태도로
# 변화를 받아들여라

●
●
●

지속적으로 열심히 상사를 관리하다 보면(대부분 6주 정도면 꽤 큰 성과를 볼 수 있다) 당신이 어떤 것에 도전해야 하는지 비교적 명확해진다. 주위 사람들이 놀라워하는 것도 극복해야 할 것이고, 수정 및 보완 과정을 엄청나게 많이 거쳐야 할 것이다. 상사와의 1대1 면담은 표준업무진행 과정으로 느껴지기 시작할 것이다. 당신의 성과에 대해 모니터링, 평가, 문서화를 해왔다면 상사가 당신을 관리하는 데 사용할 수 있는 훌륭한 자료가 만들어졌을 것이다. 상사는 그 자료를 활용해 당신의 지속적인 개선을 돕기 위해 관리방법을 조율할 수 있다.

상사와 정기적으로 1대1 면담을 하는 시간을 가져라. 모니터링, 성과평가, 문서화 작업을 게을리 하지 말자. 정기적으로 당신의 스케줄과 작업계획, 작업내역을 재검토하라. 표준업무진행 과정에 신뢰를 가져라. 유연한 태도를 가지는 것을 잊지 마라. 상황이 변화함에 따라 업무단계들을 수정 및 보완할 수 있는 준비 태세를 갖추자.

# 보상을 받기 위해
# 해야 할 일

●
●
●

몇 주 동안 열심히 상사관리를 해왔다면 이제 당신의 성과에 대한 보상계획을 논의할 때가 왔다. 기대 수준 이상의 성과를 내려면, 일을 뛰어나게 잘하려면, 가치가 높은 구성원이 되려면, 그래서 상사의 재량권에 의해 추가적인 자원을 얻을 수 있으려면 무엇을 해야 할지 상사에게 질문하라. 상사와 당신이 합의했던 기대목표를 달성했을 때 얻을 수 있는 구체적인 보상에 대해 의논하라.

# 동료는 어떻게
# 관리하면 좋을까?

●
●
●

자기 자신과 상사를 세심하게 관리하는 습관을 들이면 동료들 또한 관리해야 할 필요성을 느끼게 될 것이다. 상사와 튼튼한 업무관계를 맺기 위해 동료들에게 허락을 받아야 할 필요는 없지만, 동료들의 지원이 필요한 것은 명백한 사실이다.

대부분의 동료들은 당신이 일을 더 열심히 하고 싶고, 더 효율적으로 일을 잘하는 팀의 구성원이 되고 싶다는 이야기를 들으면 기뻐할 것이다. 하지만 어떤 동료는 당신의 노력하는 행동에 방해물이 될 수도 있다. 어떤 동료는 당신이 자신들의 이미지를 더 안 좋게 만들고 있다고 느낄 수도 있다. 또 다른 동료들은 당신만 특별한 이득을 얻으려 한다고 생각하고 당신을 싫어할 수도 있다.

어떤 상황에서도 솔직함이 최선이다. 당신이 무엇을 달성하려 하는지 동료들에게 명확히 이야기하자. 그런 후에 그들이 당신을 지원해줄 수 있을지 확인해보라. 당신이 그들의 지원을 진심으로 원하고 있다는 마음을 전하고, 필요할 경우 당신도 그들을 지원해줄 것을 약속하라. 혹시 동료들과 서로 지원을 해주지 못하더라도, 최소한 당신이 동료들과 어떤 것을 함께하고 싶은지에 대해서는 이해시키도록 노력하라.

동료 중 누군가 밀접한 업무관계의 가치에 대해 믿지 못한다면 이 책을 한 권 사서 선물하는 것도 좋다. 당신이 하는 일을 수용하고, 지원해줄 수 있도록 그들을 설득해보라. 도저히 설득이 불가능해 보이더라도 항상 상냥하고 꿋꿋한 모습을 보여라. 상사와의 관계가 소원한 동료가 있다면 그는 자연스럽게 조직 내에서 쓸모없어질 것이고 점점 더 파워를 잃어갈 것이다. 그러는 동안 당신은 점점 더 가치 있고 영향력 많은 사람이 되어갈 것이다. 그리고 당신의 변화하는 모습을 보고 동료들 또한 다시 생각할 수 있는 기회를 얻을 것이다.

# 상사를 잘
# 관리하라

초반에 이야기했던 것을 다시 한 번 강조하자면, 이 책은 고성과자가 되기를 원하는 사람들을 위해 쓰여진 책이다. 오늘날과 같은 조직에서 고성과자가 되기 위해서는 반드시 상사와 튼튼한 관계를 맺어야만 한다. 상사가 영향력이 강해지기를 원한다면 당신이 그 사람을 도와주어야 한다. 그러면 지금은 다소 힘이 약한 상사도 날이 갈수록 역량이 높은 상사가 되어갈 것이다.

우리는 15년 동안 조직 구성원들과 관리자들을 인터뷰해온 내용을 기반으로 실제 상황에서의 상사관리 전략을 개발했다. 이 책에서는 그 전략들을 다양하게 찾아볼 수 있으며, 단계별 접근이 가능하도록 제시했다. 실제 현장에서 얻은 노하우이므로 당신의 조직에서도 효과를 거둘 수 있을 것이다. 실전에서 지속적으로 연습을 해나간다면 머지않아 상사에게 다음과 같은 말을 할 수 있는 사람이 될 수 있을 것이라 믿는다.

"좋은 소식입니다! 이제부터 저는 부장님과의 관리관계에 책임감을 갖고 참여할 겁니다. 부장님이 저를 잘 관리하실 수 있도록 도와드릴게요. 모든 과제와 프로젝트에서 부장님이 제게 어떤 것을 기대하시는지 명확히 이해하고 있다는 것을 확인시켜드리도록 하겠습니다. 제가 현재 무엇을 하고 있는지, 어떻게 일하고 있는지 부장님이 잘 보실 수 있도록 제 성과를 기록으로 남기겠습니다. 부장님께서 저에게 솔직한 피드백과 방향 제시를 해주셨으면 좋겠습니다. 핵심인재로서 성장해가면서 저도 더 많은 금전적 보상, 더 좋은 근무조건, 그리고 더 많은 재량권을 얻기 위해 노력하겠습니다. 부장님께서 도와주신다면 저는 더욱 쓸 만한 인재가 될 겁니다. 그래서 부장님께서도 저에게 더 손쉽게 보상을 해주실 수 있을 거라 믿습니다!"

다시 한 번 강조한다. 당신은 상사를 관리해도 된다. 중요한 것은 잘 관리하는 것이다.

우선 무엇보다도 1993년 이 연구를 시작한 날부터 지금까지 조직 내 경험을 통해 배웠던 점들을 저에게 이야기해주신 수많은 분들께 감사를 드리고 싶습니다. 이 기간 동안 자신의 회사와 함께 일할 수 있는 기회를 제공해주신 모든 리더들에게도 감사드립니다. 저의 강의와 세미나에 참석해 자리를 빛내주셨던 많은 분들께도 감사드리고 싶습니다. 그분들은 개인적인 대화, 인터뷰, 설문조사, 포커스 그룹, 세미나 토론, 이메일 등의 다양한 방법 등을 통해 너무나 많은 정보들을 공유해주셨습니다. 그리고 우리의 '기본에 충실한' 관리 세미나에 참여해주셨던 수많은 관리자 분들께도 감사를 드립니다. 그분들 모두가 나의 스승이었습니다. 그분들이 없었다면 저는 정말 아무것도 몰랐을 것입니다. 관리자 분들은 자신이 회사에서 경험하고 있는 도전과제를 해결할 때 저를 도우미로 참여시켜주셨습니다. 그런 과정을 통해 저는 실제적이고 현실적인 교육을 받을 수 있었고, 이 책과 세미나를 통해 다른 사람들에게도 전파할 수 있게 되었습니다.

또한 이 책에 나온 에피소드를 제공해준 분들께도 무한한 감사를 드리고 싶습니다. 그분들의 익명성을 보호하기 위해 그다지 중요하지 않은 정보들은 조금씩 섞거나 바꾸었음을 알려드립니다.

레인메이커싱킹(Rainmaker Thinking) 사의 동료인 제프 쿰과 캐롤린 마틴, 회사에 대한 당신들의 헌신에 감사드립니다. 캐롤린은 이제 현역에서 은퇴해 한 사람의 어엿한 시인이 되었지만, 우리는 여전히 그녀의 현명한 조언에 귀를 기울이고 있습니다. 고마워요, 캐롤린. 당신은 항상 나의 아이디어와 집필에 큰 영향을 주고 있어요. 당신과 같이 소중한 친구가 있는 것이 얼마나 행복한지 모릅니다. 제프, 제프, 제프…… 책을 쓸 때마다 나는 당신에게 감사를 표시할 수 있는 새로운 방법이 없나 고민합니다. 제프는 오랫동안 나의 가장 친한 친구 중 한 명이었고, 레인메이커싱킹 사를 운영하는 책임을 맡고 있습니다. 나는 그에게 무한한 신뢰를 갖고 있고, 친동생과 같이 사랑합니다. 그 외에 무슨 말을 할 수 있겠습니까.

수전 잉그램은 레인메이커싱킹 사의 관리이사이지만, 항상 그 이상의 역할을 해내는 사람입니다. 새천년의 도래와 함께 그녀가 우리 회사에 입사한 이후 우리는 수전에게서 너무나 많은 도움을 받고 있습니다. 앞으로도 마찬가지일 거예요. 우리 모두가 그녀의 은퇴에 합의할 때까지는 말이죠. 수전, 우리는 당신이 조직 구성원들의 삶을 더 편하고 더 좋게 만들어주기 위해 노력하는 모든 일에 깊이 감사합니다. 마음속 깊은 곳으로부터 감사를 전합니다. 고마워요, 수전.

이 책에 대해 믿음을 가져주신 조시-바스(Jossey-Bass) 출판사에도 감사드립니다.

게노베바 로사는 내 책을 세 권이나 편집해주었습니다. 이 책과 『과정형 팀장이 되라(It's Okay to Be the Boss)』, 『모든 사람이 트로피를 받는 것은 아니다(Not Everyone Gets a Trophy)』까지 말이지요. 그녀는 대단한 전문가입니다. 똑똑하고, 함께 일하는 사람을 편안하게 해주는 사람이며, 진정한 편집이 무엇인지를 보여줍니다. 정말 철저하고 현명하게 편집을 해내고, 원래의 내용보다 훨씬 더 쉽게 읽힐 수 있도록 도와줍니다. 고마워요, 게노베바. 당신의 성실함과 상냥함, 현명함에 감사합니다. 이 책의 후반 작업에서 게노베바를 대신해 일해주었던 제니스 챈에게도 감사를 드립니다.

나와 아내 데비의 에이전트를 맡고 있는 수전 라비너도 빠뜨릴 수 없지요. 수전은 한마디로 말해 가장 똑똑한 사람이고 정말 최고의 인재입니다. 그녀와 그녀의 남편, 알 포투나토는 논픽션을 쓰고 출판하는 내용을 다룬 책 『당신의 편집자같이 생각하라:

위대한 논픽션을 쓰고 출판하는 방법』을 집필하기도 했습니다. 수전은 내가 작가로서 성공할 수 있도록 100% 뒷받침을 해주었다고 해도 과언이 아닐 거예요. 그녀에게 어떻게 감사를 해야 충분할지 모르겠습니다.

나의 가족과 친구들은 내 삶에서 정말 중요한 의미를 갖습니다. 첫 번째로 부모님(헨리 툴간과 노마 프롭 툴간)에게 감사드리고 싶습니다. 부모님이 저를 키워주셨던 현명하신 방법에 감사드리며 이 책을 부모님께 바칩니다. 부모님은 지금까지 저의 가장 가까운 친구가 되어주셨죠. 저는 우리가 함께 보낸 시간들을 정말 소중히 여기고 있습니다.

장모님과 장인어른, 줄리와 폴 애플게이트에게도 감사드립니다. 나의 소중한 조카들(나이 순) 엘리사, 조셉, 페리, 에린, 프랜시스, 엘리에게도 고맙다고 말하고 싶어요. 여동생 로나, 남동생 짐, 처제 타냐, 처남 숀과 톰에게도 감사의 마음을 전합니다. 나는 당신들을 정말, 정말 사랑합니다.

조카 프랜시스에게는 특별한 감사의 마음을 보냅니다. 저는 항상 그녀를 제 딸같이 생각해왔으니까요. 사랑하는 프랜시스, 너의 존재 자체에 나는 진심으로 감사한다.

마지막으로 아껴두었던 가장 깊은 감사를 아내인 데비 애플게이트에게 전합니다. 퓰리처 상 수상자인 아내가 내 원고를 한 줄도 빠뜨리지 않고 읽어주며, 예쁜 연필글씨로 수정할 사항을 남겨주는 것은 나에게 정말 행운이라고 생각해요. 사랑하는 데비, 내 책을 더욱 훌륭하게 만들어주기 위해 최고의 재능을 활용해 준 것에 대해 정말 고맙다고 말하고 싶어요. 우리가 결혼한 지 오래되었지만 여전히 내가 당신을 경이로워한다고 말하면 사람들은 나보고 거짓말하지 말라고 하더군요. 하지만 1985년부터 데비는 나의 인생에 놀라움으로 다가왔어요. 저는 사람들에게 항상 이렇게 말하는 것을 좋아합니다. "데비는 나의 영원한 조언자, 가장 혹독한 비평가, 나의 가장 가까운 협력자, 내 소중한 사랑, 가장 현명하고 친한 친구, 모든 일에서의 동료, 나의 소울메이트, 내 심장의 주인이며, 곁에 없으면 나는 아무것도 아닐 사람이야."

## 상사를 관리하라

**1판 1쇄 발행** 2011년 8월 22일
**1판 10쇄 발행** 2019년 10월 10일

**지은이** 브루스툴간
**옮긴이** 박정민 · 임대열

**발행인** 양원석
**본부장** 김순미
**편집장** 김건희
**교정교열** 최현아
**편집 디자인** 나준희
**해외저작권** 최푸름
**제작** 문태일, 안성현
**영업마케팅** 최창규, 김용환, 윤우성, 양정길, 이은혜, 신우섭
　　　　　　유가형, 김유정, 임도진, 정문희, 신예은, 유수정

**펴낸 곳** ㈜알에이치코리아
**주소** 서울시 금천구 가산디지털2로 53, 20층 (가산동, 한라시그마밸리)
**편집문의** 02-6443-8902　　**구입문의** 02-6443-8838
**홈페이지** http://rhk.co.kr
**등록** 2004년 1월 15일 제2-3726호

ISBN 978-89-255-4398-7 (03320)